定年と読書

知的生き方をめざす発想と方法

鷲田小彌太
Washida Koyata

文芸社文庫

まえがき

定年後、どのような生き方をしたらいいのか、が真剣に模索される時代になった。

高齢社会に生きている。定年後は、人生の「残余」ではない。第三の、新しい人生がはじまるのだ。こう強くいいたい。

健康でいたい、とはだれもが願うだろう。しかし、前向きに生きたい、できるなら、仕事を続けたい、あわよくば「上昇気流」に乗りたい、と心の中で思っている人も少なくないのではなかろうか？

こんな生き方は可能であろうか？　可能である、と大きな声でいいたい。それには、思い違いをあらためなければならない。

第一に、少年、青年、そして壮年時代には「かぎり」がある。ところが、想像されるのとは違って、老年期には「かぎり」がないということだ。エッと思うかもしれない。しかし、よく考えるまでもなく、老年期はとても長い。死ぬまで生きるのだ。冗談でこれをいうのではない。

第二に、知的エネルギーに溢れた生き方が可能である、ということだ。人は肉体から衰えると思っているが、脳力から、知力から、そして気力から衰えるのである。脳、知、気を充実させる。これを生き方の基本におきたい。

そのために、第三に、読書を生活のど真ん中におく、ということだ。読書だって？　とんでもない。視力が弱った。活字を読むなんて。もの忘れが激しくなった。読んで理解するなんて。などと、端から尻込みするのは、人間の底力を蔑視する愚である。とりわけ、読書がもつ多面的ですばらしい力を知らないからなのだ。

そして、読書の本当の効用は、定年後にはじまる、ということだ。知的エネルギーに溢れた生き方を、読書こそが可能にするからだ。生き方が、仕事がうまい人は、読書もうまい。

「定年と読書」をメインテーマに、みなさんをこれから読書とともに開かれるすばらしい人生にお誘いしよう。そのノウハウをていねいにお伝えしよう。いざ、来たれ、である。

最後に、このすばらしいテーマを委ねてくれた文芸社編集部の鈴木純二さんに、深くお礼をいいたい。ありがとう。

二〇〇二年四月五日　春、芽吹きを待つ馬追山から

鷲田小彌太

定年と読書～知的生き方をめざす発想と方法◈目次◈

二章●読書のある人生、ない人生　83

三章●読書計画のある人生 155

四章●さまざまな読書術　集書術

索　引（Book List）　巻末

序章 新・人生設計論～定年後の人生に上昇気流

1　長生きの素は「知」である

人間は動物のなかでも非常に寿命の長い部類に入ることはよく知られている。人間の寿命をしのぐのは、わずかにガラパゴス島の陸ガメだけだそうだ。わたしが尊敬する古川俊之博士がいっているのだから、間違いないだろう［＊1］。

古川博士は、動物の体重ならびに脳の重量と、寿命の長さとは相関関係にある、という。体の重い動物ほど長生きする。さらに脳の重さがよりいっそう寿命の長さによく関係するというわけだ。

いま脳の重量と寿命の長さの相関関係を、思いきって単純化していえば、賢い動物ほど生き長らえる術を知っている、ということである。これは人間の場合にも当てはまる。知能の高い人は総じて長生きの傾向がはっきり確認できるそうだ。

しかし、である。知的活動をする人間のほうが、そうでない人間よりも、一般的に長生きする。これは私たちの日常感覚に照らしてみると、何かそぐわない感じがするだろう。

ちょっと極端すぎると思われる例を挙げてみよう。

フランクルは、ナチの強制収容所に入れられ、奇跡的に生還した精神科医である。その彼のドキュメントに『**夜と霧―ドイツ強制収容所の体験記録**』（1947）［＊2］がある。読んだ人も多いだろう。いまなおロングセラーを続けている。

強制収容所とは、強制労働工場で、まず労働できない病人、老人、子供が「無用物」として「処分」される。働くことができる者も、最小限の食事で過重な労働を強いられ、餓死同然になって死んでゆく。このような過酷な状態に耐えきれず、より早く死んでゆくのは、概していうと、教育のない、肉体労働に従事していた粗暴な男たちであった。教育があり、知的な活動に従事していた人たちのなかには、一見して、貧弱な肉体しかもたないにもかかわらず、絶望に瀕しても、生きる最終目的を手放さず、最後まで生き抜く希望を失わなかったものがいた。フランクルもそんな一人である。

しかし、このような極端な例を挙げるまでもなく、戦前、平均寿命が五〇歳に満たなかったにもかかわらず、戦後すぐに、日本人がアメリカの平均寿命に追いつき、追い越したのは、なぜか、を考えてみるといい。豊かさでも、医療でも、アメリカに断然劣っていた日本が、唯一優勢であったのは、教育であった。日本人が知力を振り絞った結果である。

長生きしたいと思うなら、体を鍛えるのもいいが、まず頭を鍛えなさい。もっとも、頭も体の一部だから、「知」を磨きなさい、である。

知を磨かない者は長寿を全うできない。まず、こう思うべきである。これが本書の第一テーゼである。

＊1　古川俊之『高齢化社会の設計』（中公新書　1989）古川博士は、一九三一年生まれで、東京大学先端科学技術センター教授、国立大阪病院院長を歴任した、コンピュータによる計量診断の先駆者。

＊2　V・E・フランクル『夜と霧——ドイツ強制収容所の体験記録』（霜山徳爾訳　みすず書房　1961）フランクルは、一九〇五年生まれで、戦後、ウィーン大学教授（精神医学）を務め、多くの著作（みすず書房に邦訳あり）を残した。

2　高齢社会は暗黒だ、の嘘

高齢社会になった。加速化している。少子化傾向は止まらない。

二〇二〇年代には、六五歳以上の高齢者が四分の一に達する。現在、六人で一人の老人を扶養しているが、二〇二五年には、三人で一人を扶養しなければならなくなる。かくして、若者の未来は真っ暗だ。ということは、日本の未来は真っ暗だ。こういう数字を振りかざす人がいる。

まあ、いつの世でも、未来を暗く描くことで、利益を得ようとする人はいるものだ。人を不安に陥れることで、現在の不満を晴らそうなどという根性の曲がった人はいるものだ。

でも、数字にだまされてはいけない。数字を信用するな、というのではない。高齢者が二五パーセントを占め、労働生産人口数対高齢者数が、三対一になるという数字が事実だとしても、若者の、日本の未来を真っ暗に描く必要がない数字が、厳然と存在するからである。

古川博士はいう。

第一に、高齢化は、二〇二一年がピークで、その後は低下し、日本を含め、先進国では、ほぼ二〇パーセントに安定する。

第二に、就労人口の実態である。就労人口と総人口の比率は、一九二〇（大正九）年で〇・四六二、一九八〇（昭和五五）年で〇・四七七である。そして、現在のままの年齢別就労人口比率が続くと仮定しても、二〇二五年で〇・四七七である。

老人が少なく、みんなが働いていた社会があったのではない。働かない、扶養しなければならない老人がうようよいる社会が到来するのではない。事実を直視すれば、日本の場合、全人口の約半分弱が働いてきたのである、これからも働いてゆくのである。どこにも問題はないではないか。

第三に、日本人は、総じて、一生のうち、約半分の期間、働く。現在では、二〇歳から六〇歳までの四〇年間である。八〇歳まで生きるとして、二〇歳までと六〇歳からの各二〇年間は、蓄えで生きる。ということは、人間は働きのうち約半分蓄えなければならないということだ。

いま、完全福祉社会を仮定してみよう。働かない四〇年間を国が完全に面倒を見てくれるとしたら、働いた収入の半分を国に納める必要があるということだ。自分で蓄えるか、国に拠出して年金等で払い戻されるか、の違いはあっても、人は、働くことができるあいだは、必要経費を貯めなければならないのである。これが事実であり、正常である。

3 高齢社会では人生設計図が変わる

もっとも、高齢社会では、人間の生き方が変わる。根本的にだ。

人生五〇年の時代、定年は五〇歳だった。いうならば、働けなくなったら、人間は死ぬ、せいぜいのところ、死んだように生きる、というのが通常だったのである。「隠居」というと聞こえはよいが、働かないものは食うべからず、生きるに価せず、が暗黙のモラルだったのである。

「人生五〇年、定年五〇歳」の時代、人生は、大きく分けて、二段階だった。段階を分ける指標に二種あった。

第一に、就労である。

第二に、結婚である。

いずれの指標も、親からの、家族からの自立であり、独立であった。第二の指標も、第一の就労＝生活の自立を前提とした。稼いで「一人前」であり、「人間」であった。

定年とは就労の停止である。定年以降は、人生の「余録」であった。つまりは、設計図に載っていなかった人生がはじまる、というわけだ。

現在、人生八〇年の時代である。通常、定年が六〇歳である。定年後は、人生のたんなる「付録」ではない。しかも、六〇歳まで生きた人は、それ以降の人生における立派な計画表を必要とする。六〇歳以降は、独立した「人生」の必須部分となったのである。人生が三段階になったということだ。

この時期、人生設計図をもって生きるのと、定年前のたんなる延長で、二段階後の「付録」、「消化試合」で生きるのとでは、天と地ほども違う結果になる、とあえていってみたい。消化試合とは、すでに勝敗が決まってしまって、スケジュールを消化するだけの、勝敗の結果が意味をもたない試合のことである。

4 定年後に上昇気流をつかむ

人生二段階に立てば、「定年」というと「停年」であり、「諦念」である。「丁年」（一人前の人間、二〇歳）の終わりである。「天命を知る」（五〇歳）である。

しかし、人生三段階に立てば、「定年」は、新しい旅立ちである。しかも、「丁年」が名ばかりの「一人前」なのに対して、中身のある「一人前」の旅立ちであり、いってみれば、「一人前」＋「α」に、正確にいえばもう一人の自分になることである。

重要なのは、定年後の、二〇年、三〇年を「消化試合」で終わらせない工夫である。

もっと重要なのは、定年後の人生に、「上昇気流」を生むようなチャンスを設定できるかどうかである。

体力がなくなる。ボケがはじまる。気力が低下する。定収入がなくなる。親しい人が減り、人間関係が狭くなる。このように定年後のマイナス要因を数え上げたらきりがない。これでは、死んだ子の年を数えるのと同じである。甲斐がない。老人が若者のマイナス要因を数え上げるのとよく似ている。ぼやきである。

定年後に上昇気流をつかむ工夫をしようではないか。新しい人生設計を立てようではないか。そんなに難しいことではない。第一におくべきは、読書をすることだからだ。理由はこれからじっくり語ろう。しばし、耳を傾けて欲しい。

一章●定年後の日々には読書が似合う

1 「閑中忙あり」

――毎日が読書日――

定年後を一口でいえば、毎日が日曜日である。何をしてもいい。何をしなくともいい。あなたは自由である。こういう毎日はすてきだろうか？　楽しいだろうか？　そうとは思えないのである。

人間、なすべきことが何かあり、それをなしとげる、そこに喜びがある。理屈をいえば、自己達成感である。

えっ、なすべきことが何もないって？　自由時間が有り余るほどあるのに、なすべきことが何も見つからない、というのはとても苦しいことである。

毎日が日曜日の人にもっともすすめたいのは、毎日が読書日の人になることである。なぜか？　簡単だからか？　かならずしもそうではない。

(1)「雨の日には読書が似合う」といわれるが

◆雨の日は傘をもつのが億劫だ

たしか谷崎潤一郎だったたと思う。

――大学に入った。晴れの日は、薄暗い教室で講義を聴くなどもったいない。曇りの日は、鬱陶しくて、大学へ行く気になどなれない。雨降りの日は、傘をもつのが億劫だ。それやこれやで、日がな一日下宿にたれ込め、読書に溺れて、一度も登校せぬまま、中退した。

大学に入り立ての頃、どこかでこんな記述を読んで、真似をしてみた。半年あまりほとんど大学に顔を出さなかった。「親切」な先輩が心配して、救い出してくれ、大学の近くに下宿まで探してくれた。自閉症に陥っていたのか、しばらくは人と口を利こうとしても、うまく言葉が出てこなかった。

下宿は、大学から歩いて五分ほどのところにあった。しかし、妙なもので、近ければ登校しやすいかというと、そんなわけではなかった。

晴れた日は、私鉄線づたいに紅葉で有名な箕面（みのお）の滝まで歩いてゆく。気持ちがいい。春夏秋冬、何度通ったことか。雨の日は、傘を開くのが面倒で、結局、窓のない下宿の暗い二畳に閉じこもって、本を読み続けていたのではなかったろうか。でも、なぜ本を読んでいたのだろう。

◆大学生になった、本を読まないのは恥ずかしい

大学に入るまで、本を読むなどという習慣はなかった。正確には、浪人するまでは、である。生家には、本と呼びうるようなものはなかった。最初、経済学部を受けた。もし落ちるという経験をもたなかったなら、本との出会いはなかっただろう。そう思う。

浪人中も、大学に入ってからも、とにかく暇だった。時間が有り余るほどある。映画と本くらいにしか時間を潰す相手を知らなかった。これが本を読んだ第一の理由である。

第二は、文学部に入ったのだから、本くらい読まなければ恥ずかしい、という強迫観念である。のちに、友人ができて知ったが、文学部はもとより、他の学部

でも、私の入った大学で本を読む人はほとんど見あたらなかった。

当時のこういうまわりの学生の知的状況を知っていたなら、大学に入ったのだ、それも文学部だ、本くらいは読んでいなければ知的怠慢だ、恥ずかしい、などという思い込みなどに陥らず、下宿にこもって本にしがみつくなどの癖はつかなかったに違いない。

などというと、よほどたくさん本を読んだように聞こえるが、『西田幾多郎全集』以外に本を売ったり処分した経験のない自分の書庫を眺めると、本当に寂しい気持ちになる。

それに、本を読みはじめた時期も遅く、動機もなっていない。我ながら情けないと思うこときりである。

◆晴れた日には読書を

それでも、大学に入ってから四〇年、私は普通のサラリーマンならこの三月三一日が定年である。そして、私に「定年後」がないのだ。どうしてか。

起きたら、何がなくとも、本はある。晴れの日も、雨の日も、時間が許すかぎり、本を読むことができる。読む本も十分ある。楽しい。心躍りがする。充実感が満ちる。

いちばん気持ちがいいのは、快晴の日の読書である。小さな窓から光が強く差し込んでくる部屋で、耽読できる日ほど、心地いいものはない。なに、たんなる読書中毒にすぎない。

傘をもつのが面倒で、本を読んだ。いちばん安価で、簡単な時間消費方法だった。もっとも、誰にも面倒をかけなかった。誰からも邪魔が入らなかった。それから四〇年たった。読書が生活の柱の一つになった。いちばん太い柱かもしれない。かもしれない、ではなく、である、と断言できる。「晴れた日には読書が似合う」といま現在の自分を省みて、得心できる。定年後には、特にそうだ、と確信できる。

(2) 読書に溺れて

◆読書の楽しみに限界はない

暇だから、何も他にすることがなかったから、本を読んだ。それが読書経験のはじまりだった。しかし、すぐに気づいたことがある。

本を読むと、ますます本が読みたくなることだ。食通がいる。どんなに食べるのが好きな人でも、食の限界は胃袋にある。どんなすばらしい料理でも、一人が食べることのできる量はたかがしれている。しかし、読書に限界はない。あるいはこういったほうがいいだろう。食にも限界はない。読書で、言葉で食事を堪能するのには限りがないからだ。胃袋に限界はあるが、脳には限界がないということだ。

それに、読書が進むと、新しく読みたい本が出てくる。どんどん現れる。本は本を呼ぶ。どんな本を読んだらいいか、書物の選別法は何か、と聞かれるが、多読、雑読に優るものはない。

読書に比べれば、食事はいたって保守的だ。食通の人にかぎって、普段は定番である。定番に甘んじているのではない。それが美味しいのだ。好きなのだ。特に朝食は、品が変わると、なぜか安心しない。食通からほど遠いが、私もそうだ。何ごとも、程度を超すと、副作用が出る、といわれる。プラスがマイナスに転化するのだ。たしかに、読書中毒といわれる。本ばかり読んでいて、頭でっかちになり、現実を直視できなくなる、手のほうがおろそかになる、というい方もよくされる。

◆読書中毒

しかし、読書中毒に、「中毒」一般が抱え込むようなマイナスの意味があるだろうか？　むしろ、読書中毒とは、自他にかかわらず、一種の誉め言葉だろう。本を読んで、妄想に取り憑かれ、現実と夢（フィクション）の区別がつかなくなり、犯罪に走った、などというわれ方をするが、これは詳論するまでもなく、読書が足りない、生半可ゆえであって、過ぎたゆえではないのである。

よく、つまらない本など読むな、万世、万人に通じる古典を読め、といわれる。しかし、本好きになると、どんな本でも面白く感じられるものだ。ときには、活字であれば、何でもいい、ということになる場合だってある。

もしトイレに手ぶらで入らなければならない、というときのことを考えてみるがいい。他家に行っていちばん困るのは、本や新聞をトイレに持ち込めないことだ。そんなとき、週刊誌の切れ端でもいい。薬箱の注意書きでもいい。活字なら何でもいい。それをもって入ると入らないとでは、入り心地がまるで違う。

◆読むべき本と読みたい本

私の経験では、読書に浸りはじめのとき、読むべきだと自分で考えた本と、読みたいと思った本との間には、かなり大きな溝があった。

極端にいえば、一方は、**『源氏物語』**であり、カントの**『純粋理性批判』**（岩波文庫）であり、服部之総の明治維新研究書であった。専攻を、国文にすべきか、それとも哲学か、歴史か、迷っていたときである。これは将来の仕事、あるいは、職業に関連するだろうところの書物、専門書である。

他方は、横溝正史の**『蝶々殺人事件』**（角川文庫）以下の推理小説であり、デュマの**『モンテ・クリスト伯』**（岩波文庫）であり、五味康祐等の伝奇・時代小説であった。こちらは、完全に娯楽であり、面白いからであった。雑書である。

ところが、哲学が専攻と決まり、自分の専門に関する読書量が増し、深まってゆくにしたがって、娯楽で読む本の量も広がりも拡大し、両者の距離がどんどん縮まっていったのである。専門書と雑書がしばしば交差するようになった。

(3)読書の途中に見る景色は新鮮だ

◆本を読んでいないと不安だった

読書に夢中になる。本の世界に没入する。学生時代、それだけの時間があった。振り返ってみて、至福だった、と定年間際のいまにして思える。

しかし、当時はどうだったただろうか？　時間はあった。何か、むしろ、読書でもしていなければ、不安で不安でたまらなかった、というのが本当ではなかったろうか？

読書は電車のなか、という経験は多くの本好きの人が実感したことだろう。時間が有り余るときも、まとまった時間が全くなくなったときも、電車のなかでは本に熱中できた。そんなおり、車中のまわりの人も、社外の景色もまるで眼中に、脳中になかった。一人別天地に入り込むことができた。

現実の不安からの逃避、現実の過酷さからの隔離、そんな効用が読書にあることは間違いない。しかし、こんな経験はないであろうか？

◆読書に夢中になって見る景色

混雑した車中で、本に集中しながらも、ふと隣の人の存在に気がつく。若い母親が子供をあやしている。慣れないおぼつかない不安げな表情で子供を抱えている。普段なら、こんな混雑する、雑菌ばかりの電車に、無防備に幼児を連れ込んで、なんて警戒心のない母親だろうか、と非難の感情がわいてくるところである。しかし、本に夢中になって、ふとその仮想世界から、現実の世界に戻ってくると、母親も、いまにも泣き出しそうな幼児も、可愛いのである。愛おしいのである。美しいのだ。ちょっと偉そうにいえば、その存在が許せるのである。そしてまた、すぐに再び本の世界に戻ってくることができるのである。

あるいは、本からフッと目が離れて、車外のよく見慣れた景色を眺めるときがある。これがことのほか新鮮なのだ。全く違った世界に入り込んだような気持ちになる。

読書は、たしかに現実逃避であり、自分から外界に壁を巡らす働きをもっている。しかし、読書に夢中になると、自分を取り巻く外界が、違って見えるようになることも、また紛うことない事実なのである。

◆読書をすると世界が違って見える

つまり、読書をするとしないとでは、自分を取り巻く世界が違うということである。たとえ、自分の周囲世界に変化はない場合でも、自分を巡る世界が変わる。ということは、読書によって、自分の内部世界が変化するからだ。

大学に入り立ての頃、お互いがまだよくわからない友人同士が集まってよく話題になったのは、一〇年たったら、お互い何をしているか、であった。漠然としていた。雲をつかむような話だった。それは、自分たちは若い、どんどん変化してゆくものだ、と考えられたからである。

ところが、年を重ね、自分の仕事上での結果もほぼ明らかになると、将来の変化を考えなくなる。信じることができなくなる。こう思っているのではないだろうか？

そんなことはない、と強くいいたい。読書を生活設計のなかに組み込むと、自分の世界が変化する。若いときよりも、いっそう美しく、さらに親しげな様相に、自分の周囲世界が変化する。

お疑いの人は、一度、アランの『幸福論』（岩波文庫）をポケットに忍ばせて、郊外電車に乗り、開いてみるといいだろう。最初は、ちょっと理屈っぽいところを我慢しなければならないだろう。しかし、すぐに慣れてくる。疲れたら、隣の席に目をやるのもいいし、車外の景色にしばし見とれるのもいい。そうやって半日を過ごしてみるといい。

帰りの電車を降りる。大小にかかわらず、あなたは変わっている、というより、あなたのまわりの世界が別様に見えているに違いない。

何よりもいちばんいいのは、自分の人生はこれからである、自分の世界はまだ開かれてある、そのためには、そうおうの気力と体力を要する、努力が必要だ、そして、その努力は概して報われる、ということに気づくことである。そのことを気づかせてくれた読書の大切さ、読書を生活設計の重要なパートに組み込むことの重要性に、めぐりめぐって納得している自分を発見することである。

2　精神を集中させることが若さの秘訣

——本を読まないと老化する——

　定年後、一気に老化する人がいる。定年後でなくとも、老化が進んだ人もいれば、全く老化を感じさせない人もいる。誰もが老化を避けることはできない。しかし、多くの人は、死ぬまで呆けずに、自分のことは自分でする意欲くらいはもちたいものだ、と考えるだろう。

　老化にはさまざまな原因があるそうだ。老化を防ぐ手段もさまざまである。定年後、すぐに迫りくる老化を防止する有力な候補に、読書がある、といったら驚くだろうか？　つまり、本を読まない人は老化が速い、といいたいわけだ。

(1)いい本を読んだあとの顔はいいよ

◆五〇歳を過ぎたら自分の顔に責任をもて

「三〇歳を過ぎたら自分の顔に責任をもて」とはよくいわれる。しかし、これは人生五〇年時代のことで、そのままの形では現在には当てはまらないだろう。この格言を人生八〇年の時代にそのままスライドすると、「五〇歳を過ぎたら自分の顔に責任をもて」ということになるだろう。あるいは、五〇を六〇に換えてもいいかもしれない。つまりは、もって生まれた顔ではなく、自分の力でつくりあげた顔である。

五〇歳前後になって、中学あるいは高校時代のクラス会に出ることがあるだろう。お互いがあまりに変わったことにびっくりするが、すぐに昔の顔がのぞいてくる。親しみがわいてくる。しかし、どうしようもなく三〇〜四〇年の人生の山坂が、顔に透けて見えるような気がする人がいる。特に気になるのは、精神の荒廃が、あるいは、鈍愚が如実に表れている人である。何か、人間にとって重要な機能の一部が停止してしまったような奇妙な感じさえ受ける場合がある。どうしてなのか？

◆偏差値の低い子の顔は鈍いって？

大学で長く教えていて、多くの学生を見てきた。そのほとんどは、偏差値でいえば五〇前後の学生である。正確にいうと、大学生の学力の平均値に届くか届かないかの学生だ。

偏差値教育は、成績で輪切りする選別教育、と非難され、知育だけで徳育のない人間ばかりを育てる、といわれてきた。したがって、偏差値教育は、徳のない、他人の痛みのわからない非情な、ときには犯罪を起こしてもなんとも感じない子供を育てる。恐ろしい。こういう声もある。

しかし、偏差値教育の恐ろしさは、たかが〇×式のテストで示される学力差程度から、頭の良し悪しの差、就職後の仕事の出来不出来の差が、現れるという事実のほうなのだ。もちろん例外はある。しかし、均してみると、偏差値の高い大学を出た人のほうが、いい仕事をしている。そして、いい顔をしている。偏見を取り払ってみれば、こういえる。

◆本を読む人の顔はいい

いい顔というのは、美醜よりも貴卑に関している。貴卑よりも賢愚に関している。賢には、知識と知恵が属する。いい顔とは、知識よりも知恵がある顔である。

私が人間にとって重要な機能の一部が壊れたような感じがする人というのは、要するに、知恵に欠けるところのある人のことだ。ちょっとした障害にぶつかってしまっても、自分で解決する判断も手段も見いだすことのできない人である。不遜ないい方になるが、こういう人は顔を見ればすぐわかる。

極言すれば、こういう人は本を読む習慣を少しももってこなかった、と誤解を恐れずにいってみたい。こんな経験をもったことはないだろうか。

本を読んでいる。夢中になっている。途中でトイレに立つ。なんの気なしに鏡を覗き込むと、そこに、いい顔をした自分の顔が映っている。

あるいは、一冊本を読み終わった。魂を奪われるほどの感動をした。それほどではなくとも、何か心が豊かになったように感じた。顔が火照（ほて）っている。脂が浮いている。洗面所で冷たい水で顔を洗い、タオルで拭う。鏡に映った顔が眼前にある。残しておきたいようないい顔の自分がそこにある。

これにはいくぶんかの自惚れ鏡が入っているだろう。しかし、本を読んだあとの顔は、総じていいのである。お試しあれ。ここから類推して、本を読まずに生きてきた人の顔に、醜が、醜よりは卑が、卑よりは愚が表れるという恐ろしい「結果」になる、といえるのではないだろうか。

ずいぶん乱暴な意見と感じる人もいるだろう。実際、乱暴である。しかし、経験則に照らしていえば、きわめて確度の高い類推なのである。

私は真剣に心配している。最近、私のまわりの学生のなかばかりでなく、高齢者のなかにも、ずいぶん知恵の欠けたとしか思えない言動をする人がいるのは、それが顔に表れている人に出会うのは、本を読まないからではないか、読む習慣をもって生きてこなかったからではないか、と。

(2) 人間は頭から老化する

◆死と生は背中合わせだ、の意味

いうまでもないが、老化は、老人になってからはじまるのではない。

一見して、人間の生と死は截然（せつぜん）と分かれている。明と暗のようにである。死から生の世界にはリターン不可能である。しかし、人間は、死という「目的」(end) に向かって生まれるのであり、生きるのである。人間は死すべき存在である (Man is mortal.〈マン・イズ・モータル〉)。ただし、死が生の目的、最終地点 (goal) であるだけではない。

一日生きたということは、一日死んだということだ。八〇年生きたということは、八〇年死んだということで、普通いう意味の「死」とは、八〇年の死の積み重ねの最後の一積みであるにすぎない。

生と死は、始点と終点という両極端にあるだけではない。生はつねに死を含んでいるのである。生理的にいうと、生と死は同じ過程のなかにある。生まれかつ死ぬ。生成死滅がつねに変わりのない生命過程である。新陳代謝である。消化であり、異化である。よく生きるということは、よく死ぬということでもある。いまを激しく生きるものが、いまを過去のものとし、新たな生を獲得するのである。

何も難しいことをいっているのではない。

◆脳を磨く

お肌の曲がり角は二〇代といわれる。人間の肌の絶頂期は一〇代なかばだそうだ。しかし、磨いて、玉の肌を長く維持する人もいる。逆に、どんなに肌の美しい人でも、手入れをせずに放っておけば、気がついたときは取り返しがつかない、ということになる。概して、素肌が美しい人が、三〇代に特別の手入れをしなかったため、四〇代の後半になって、見るも無惨なことになる場合がある。肌に活力と栄養を与え続けることがなければ、どんな美肌も色香を失う。

人間の脳も同じである。知能は二五～三四歳が絶頂期だそうだ。しかし、脳を活用しないと、刺激しないと、低空飛行のままで終わる。特に若い成長期に激しく脳を運動させないと、脳の活動力が活発にならないのは、あたかも、すばらしい性能の自動車を購入しても、初期駆動のときエンジンを最大限に動かしめるような運転をしないと、つまりはアクセルをもっとも深く踏み込む「慣らし運転」をしないと、そのもてる性能を十二分に発揮できないのと、同様である。

また、三五を過ぎれば、脳活動は、自然過程に任せ、日々トレーニングを怠ると、漸次低下してゆく他ない。ついには、機能障害に陥り、呆ける。もっとも、どんな人間だとて、呆けるのを避けることはできない。しかし、脳は皮膚や車と違う。容量がばかでかい。性能の限度が無限である（といってよい）。激しく使っても、使い方さえ間違わなければ、壊れる心配はない。

◆本を読まない人は老化が速い

脳の活動にとっていちばんいいのは、つねに新しい刺激をえることだ。惰性使用だと、脳機能の一部しか作動しないからだ。脳が自発的にどんどんその活動の力と領域を広げ、深めてゆくようにすることだ。

本を読まない人が、一見どんなに活動的に見えても、自分の周囲の現実にしか反応するチャンスをもちえない。脳がもつ、想像力、創造力が喚起されにくくなる。それは本が言葉でできているからだ。その言葉が、いま・ここにないもの、いまだかつて・どこにもなかったものさえをも、脳活動を活発化させることを通して、現前化させることができるからだ。

本を読まない人は老化が速い。私は、昔の懐かしいクラスメートに会って、いつもこのことを実感する。はっきりいって、本を読まない人は、その鈍さが顔に表れる。これを恐ろしいことと思わないだろうか？

(3) 読書には集中力と持続力が必要だ

◆受験では洞察力や知恵は問われない

受験勉強の弊害がいわれる。事実だ。

アメリカの学力テストを見ると、試されているのは「論理力」といいながら、いかに短い時間に、いかに効率よく、いかにたくさんの問題をこなしてゆくか即答能力が試されるだけだ。じっくりものごとを考える能力を問われるケースはほとんどない。ましてや、知恵が試されることなど、皆無である。日本の受験も、大同小異である。

こんなテストだけで、人間のもつ能力が測られるとするのなら、ずいぶん乱暴なことである。深い洞察力や知恵をもつことのできない人間ばかりをつくってどうする、といいたくなるのも当然だ。

しかし、である。残念というべきか、当たり前というべきか、受験で高得点を取る偏差値の高い学生のほうが、大学を卒業しても、いい仕事をするのである。総じていうと、洞察力も、知恵も、偏差値の低い学生よりも、概して大きいのである。これもまた偽らざる事実である。繰り返していうが、もちろん、例外はある。そして、例外のない事実はない。

◆受験勉強で問われているものとは？

受験勉強だけに熱中してどうする、といいたい。しかし、さらにいいたいのは、受験勉強さえしたことのない子は、総じていうと、弱いのである。鈍く、脆いのである。いい仕事をしないのである。どうしてか。

受験で試されているのは、もちろん知識量である。それを効率よく解答する能力である。記憶力と計算力である。しかし、受験で暗黙のうちに試されているのは、受験勉強という一見して無味乾燥なトレーニングに耐える能力である、ということを見失ってはいけない。一言でいうと、脳活動の集中力と持続力である。

脳も「身体」の一部だとするなら、体力である。

受験勉強をきっちりした子には、少なくとも、集中力と持続力がつく。しなかった子には、集中力と持続力に欠けるところが出るのは、ごく自然である。しなかった子の多くが思考の集中と持続を必要とする仕事に適応しにくいのは、これまたごく自然のことではないだろうか。持久力や瞬発力を必要とする肉体作業も苦手になって当然だ。

◆読書には集中力と持続力を要する

読書も、脳活動の機能的な側面だけからいえば、受験勉強に似ている。集中力と持続力を必要とするからだ。ＴＶや映画のような映像作品や音楽のような聴覚作品を味わうのと、本のような活字作品を味わうのが基本的に異なるのは、思考の集中力と持続力がまるで異なることである。対比すると、前者が受動的なのに対し、後者は主体的である。前者が「ながら」が可能なのに対し、後者は不可能である。前者が集団で享受することができるのに対し、後者は難しい。たしかに、活字を耳から聞くということはできる。集団でも可能だ。しかし、そういう場合でも、「ながら」では難しい。

それに、読書は、映画や音楽よりもはるかに体力を必要とする。魂を奪われるような作品に出会うと、映画や音楽でも、小説でも、お腹の空きぐあいが違う。脳が猛烈に興奮するから、体をほとんど動かすことがなくとも、エネルギーの消費が甚だしいのである。なんせ、脳は血液量の四分の一を保有しているからである。その血液が栄養（エネルギー源）を運ぶ。つまり、脳は大食いということだ。

受験勉強もまともにせず、本もほとんど読まない子に、思考の集中力も持続力も身につきにくいという理由の一半は、了解いただけるだろう。

定年後、時間がなくていままで読むことができなかった本を取り出しても、活字が目に入らないばかりか、すぐに疲れて居眠りしてしまう結果になる場合が多いのには、十分な理由があることを、了解されるであろう。

3　旅行には読書が似合う

——定年後は「旅」に似ている——

　もっとも理想とする定年後の生き方とは何だろうか？　それまでの人生でできなかったこと、やり残したことに挑戦することではないだろうか？　定年までとは違った生き方をすることである。

「旅」を辞書で引くと、こうある。「差し当たっての用事ではないが、判で押したような毎日の生活の枠からある期間離れて、ほかの土地で非日常的な生活を送り迎えること」（『新明解国語辞典』）。どうだろう、旅は定年後と似ている、と思わないだろうか？　想念上のこととしていえば、定年後は「毎日が旅行日」であれば、と願わないだろうか？

　そして、一見意外に思えるが、旅には読書が似合うのである。

(1)曾野綾子さんは、行く先々で、本を買う

◆旅先で本を買う

ここ数年、いや、十数年、日本でいちばん「旅」をしているのは曾野綾子さんではないだろうか？　こう断言していいほどに、曾野さんはいつも旅をしている。

曾野さんは、ありとあらゆる種類の旅を経験している。プロの作家、日本財団会長の二つの仕事だけでも、人の何倍も忙しいはずだ。それに、ボランティアに、講演に、趣味に、家族親睦に、と飛び回っている。それも僻村、泥地、砂漠等、文明の届かない地域を好きこのむようにである。若いときから、アメリカ大陸縦断自動車旅行というような冒険家まがいの旅行も何度か試みている。

私も数度同行させてもらったことがある。曾野さんは朝起きるのが早い。朝飯前に書く仕事を済ませ、夕食後に、また書く。これが作家の本業。人好きで、何にでも興味を抱く。そして、よく食べ、よく話し、よく眠る。もちろん聞き上手である。

しかし、いちばん驚かされるのは、旅先で、よく店屋に入ることだ。特に、本屋に入ることだ。現地の新聞や旅行パンフレットはもとより、かなり厚めのハードカバーを買う。ときには、何冊もということがある。私は買い物が苦手で、しかも、外国旅行の途中で、荷物を増やすのが嫌で、特に重い本などはまっぴらというたちである。あとから手に入れることができるから、というので、せいぜいのところ書名等をメモするのが関の山である。しかし、この「あとでも」というのが曲者で、結局、注文することなく終わる。

旅先で目に留まったのに、買わなかった本は、二度と手に入らない。曾野さんの経験則はこう語っているようだ。

◆旅先で本を読む

曾野さんは、普通なら、もうとっくに定年になっている年齢だろう。それがつねに旅の空にある。その旅先で、重くかさばる本を買う。私のまわりにも買い物好きの人はいるが、ハードカバーを小さな書店に滑り込むようにして買う人は、まずいない。いい添えておくが、曾野さんは荷物を、もちろん、自分で運ぶ。

もうこれだけでも驚きなのに、曾野さんは、買った本を旅先で読むのである。本は読むために買う。しかし、人間、買った本を読むとはかぎらない。なかばは、積んでおくままの本がある。旅行先の各地で、日本では簡単に手に入らない本を買う。こういう本は、帰って読む。

しかし、曾野さんは、旅先でも読むのである。あるいは、旅先で読むために、本を買っているのである。そういう節がありありと見える。

まあ、曾野さんのように、旅が「非日常」ではなく、ごく当たり前の日常の延長になったら、旅の空でも本を買い、その本を読むのは、自然の振る舞いなのかもしれない。そうしなければ、じっくり本とつきあうことなどできにくい、ということはいえる。

◆旅が何倍も楽しくなる

だが、せっかくの旅である。本を読む暇があったら、もっと見るところ、聞くもの、会う人、学ぶ場所がある、というのが普通だろう。

私は、旅行中に本を買うことは稀である。買い物自体が稀だ。それでも、旅行中に読む本を用意してゆく。特に旅行に直接関係あるなしにかかわらず、いま、読みたい本をである。かなりの数になる場合もある。

旅先で、特にトイレタイムに読む本があるのとないのとでは、全く違う。まあ、これは日常の延長だろう。しかし、旅先で、待ち時間や、突然一人になったとき、朝早く目が覚めたとき、本を読むと、旅がいちだんと楽しくなる、というのは本当だ。何か、精神が更新されたようになる。

人間、精神がつねに外向きだと、かえって疲れる。旅では、さまざまな風景、人間、食べ物、酒等がめまぐるしく現れ、かつ、消えてゆく。心は沸き立っている。しかし、よく観察してみると、泡立った状態ではないだろうか？　正確には、粟立つ、心にぶつぶつができる、心がざらざらする、であろう。

本を読むと、この粟がすーっと消えてゆく。心が更新される。したがって、それだけ目の前で展開する新奇な世界にいきいきと反応できるようになる。こうではないだろうか？

実際、雨けぶる沖縄の早朝、ホテルで読みさしの本を手から離し、ふと窓外を眺めたとき、一瞬声を上げそうになった。たれ込めた雲の間から、一筋の光が天へ昇っていったからだ。早朝にはよくある光景かもしれない。しかし、読書に夢中になってふと心を外に開けたとき飛び込む景色は、また格別なのである。

(2)窓を開けて、川音をＢＧＭに本ばかり読んでいた

◆本を読むと疲れる

仕事のためであれ、暇つぶしのためであれ、本を読むと、そうおうに疲れる。読書を生活のなかに習慣づけていない人は、疲れる前に、飽きてしまうというのが本当のところだろう。

仕事に追われれば追われるほど、一晩でもゆっくり、誰にも邪魔されずに過ごしたい、温泉にでも入ってのんびりしたい、と思うだろう。旅に出たいと思うだろう。

同じように、忙しいときほど、本を読みたくなるものなのだ。忙しい人生を送った人ほど、定年後、何もかも投げ出すようにしてでも、本を読みたいと願うものなのだ。

だが、読書は、精神に集中力と持続力を要求する。だから、疲れる。忙しくてたまらない、疲れているのに、本を読んでますます疲れるではないか。旅に出て、温泉に浸かるのならまだしも、本を読むなんて、それも、旅の途中で本を読むなんて、疲れに疲れを重ねるだけではないか。なんて、もったいないことをするのか。こう思われるかもしれない。

しかしである。本を読むと疲れる。これは本当だ。しかし、大雑把にいえば、仕事で疲れる身体領域と、読書で疲れる身体領域は、異なるのである。こんな風に考えて欲しい。

疲れた。横になる。しかし、疲れをとるために、横になるのはいいが、横になったままでいると、体に痺れがきて、妙にだるくなるだろう。何か、体の芯が、精神が疲れないだろうか？

疲れをとるためには、疲れた部分をもみほぐすだけでなく、使わなかった部分に刺激を与えることも必要なのである。

◈疲れたとき本を読む

特に精神的な仕事をして、困憊（こんぱい）したとき、本が読みたくなるときがある。その仕事に関係ない本をである。ところが、肉体だけが疲れたとき、本など読もうという気分にならないのだから、面白いものである。

読書は、肉体の回復にはさしたる効用がないかもしれないが、精神のストレスをとるのにはかなり効き目を発揮する。ということは、こういうことではないだろうか。

肉体的精神的な疲れをいやすため、旅行でもして、温泉に浸かり、体を休める。これだけでは不十分だということである。体の疲れはとれ、精神はある程度リラックスするかもしれないが、精神が回復した、とは本当のところいえないのではあるまいか。

体をもみほぐすように、精神ももみほぐされなければならない。精神のマッサージである。映画でもいい。音楽でもいい。しかし、やはり読書がなければ何か物足りない。精神がぱしっと立ち上がらないのである。

定年後、本のない生活があるとするなら、旅に出て、温泉に入って、のんびりできるだけのことである。のんびりしたあとどうするの、ぼーっとしているの、と反問したくならないだろうか？

◆「隠れ宿」で本を読む

一年に、何度か、無性に訪れたい旅館がある。秘境というほどでもないが、遊離の温泉宿だ。

この宿を訪ねるときは、なんやかやで疲れ果てたときだ。わざわざ飛行機に乗って、新幹線に乗り継ぎ、山のなかまで潜り込む必要があるのか、というかもしれない。必要があるのだ。

お湯がいい。食事がいい。清潔だ。サービスが行き届いている上に、満杯となっても、泊まり客の絶対数が少ないことだ。団体がいないことだ。つまりは静かである。廊下でも、湯場でも、客同士がぶつかるようにしてすれ違うようなことはない。

しかし何よりもいいのは、敷地を半円状に縁取って流れる川の水音である。特にいいのは、夕刻、日が落ちはじめ、横這いになりながら、本を読んでいるときの気分である。ちょっと本から目を離すと、川音が聞こえる。かなり大きい。雨の日などは、よほど恐ろしげな音を立てることもある。

この川音をBGMに、少し厚めの本を、横になったり、椅子に座ったり、出窓で足を投げ出したりしながら、朝、昼、夜と読みつぐと、なんともいえないほど気分が落ち着く。心が洗われる、という表現が少しもおかしくなく発せられる。

私が現在住んでいるところから車で一時間以内にも、たくさん温泉場がある。しかし、「隠れ宿」はない。心おきなく、終日、本を読んで、しかも心身ともにリフレッシュできるようなところは、見当たらない。

本のない定年後とは、このような隠れ宿のない人生に似てはいないだろうか?

(3)酒の友、本の友

◈酒を飲みながらの読書

読書のない定年後の人生を考えることができない。同じように、酒のない定年後の人生を考えることもできない。それほど、酒のある人生とない人生は違う、と私は思う。一人のときも、仲間とのときも、酒は潤いをもたらすエキスだ。

もちろん、何ごとも過ぎたるは及ばざるがごとしである。仕事でも、読書でもそうだが、特に酒がそうだ。私の知るかぎりでは、酒で身を滅ぼすほとんどの人は、身を滅ぼすのを酒が加速させる人だ。酒が原因ではない。大きな不満や不足やストレスがあって、それを酒で紛らす人である。

存分に仕事をし終わったあとで飲む酒は、特別美味しい。楽しい。精神的な緊張を長時間強いられるような仕事をしたあとでは、その味は格別である。ストレスを減じるのに効果抜群である。

友人に読書好きの人がいる。家人が寝静まったあと、一升瓶を横に置きながら、ページをめくるのを最上の楽しみとしている、という。開高健は、飲みながら読むばかりか、飲みながら書いたそうだ。飲まなければ書けなかったそうだ。

◆読書は読書、酒は酒

酒なくしてなんの人生ぞ、と思う私でも、酒を本格的に飲みはじめたとき、すでに三〇なかばを過ぎていた。理由があった。

酒を飲むのには「時間」が必要だ。読書のように、通勤電車に乗りながら、飲酒に及び、楽しむことができる、というわけにはゆかない。それに、金がなかった。酒の前に買うべきものがあった。酒は、つねに、第三、第四の「臨時」の楽しみにすぎなかった。

酒の量が上がるにしたがって、仕事の量が上がった。読書の量が上がった。つれて、体量が増した。とうとう、夕闇がたれ込める頃になると、気分は酒のほうに確実に向かっていた。体型だけはミニ開高になった自分に、かなり満足を覚えた。

だが、仕事をするときは仕事に徹底したい。酒を飲むときは酒に徹したい。これが私の信条である。だから、仕事と酒をともにすることはもとより、本を読みつつ酒を飲む、あるいは、酒を飲みつつ読書を楽しむということは、ない。

本も酒も、心を酔わせてくれる。酒も本も心を刺激させるという点では同じだろう。しかし、一方が麻痺させるのに対し、一方は麻痺させる場合もあるが、多くはすっきりと、きりっとさせてくれる。私の読書は、どちらかというと、すっきりを求めてのものが多い。

いちばんいいのは、すっきりした頭で存分に読書をし、そのあとに、存分に酒に酔うことだ。読書と仕事は、私の場合、別々のものとしてあるわけではない。同じ一つの仕事の仕分けである。仕事のための読書が大半を占める。

◆本に酔う

定年後も、読書を仕事の重要な一部としたい。私は切実にそう思う。別に、収入をえるための仕事（job）でなくともいい。ボランティアでもいい。仕事としての読書、これに優るものはない。そう思う。

しかし、人間が本に切実に求めるものは、この世ならざる世界に私たちを連れていって、そこで夢中にさせてくれることではないだろうか？　仮想世界に遊ぶこと、酔うことではないだろうか？

小説なぞは、夢見心地の青年期までのものである、という人がいる。この厳しい世界に臨んで、そこで生き抜いてゆくためには、ありもしない世界に遊ぶなぞは、有害無益である、時間の無駄だ。まあ、定年後の慰みとしてなら考えることができるだろう。こういう人がいる。

しかし、本当に人を酔わす小説を読んでから、ものをいって欲しいと思うのは、私ばかりではあるまい。こういう人は、定年後、時間と金をどんなにもてあますようにもっても、ついにフィクションの世界によって、人生の美酒に酔うことなぞとは無縁だろう。

しかし、誤解しないためにいい添えておけば、猛烈に忙しい、時間がなく、金がないときほど、この世では直に体験できそうもない仮想世界を提供する小説が必要なのである。砂漠に清水がしみこむように、ひび割れた心にしみ通るからだ。

4　パートナーの読んでいる本が気になるとき

――定年後のパートナーはいるか――

定年後、仕事がなくなる。少なくともそれまでやってきた仕事がなくなる。仕事を通じてえた人間関係もなくなる。急に身辺が寒くなる。

定年直後、もうあんな嫌な仕事とはおさらばだ、あんな人間関係はもうたくさんだ。こう思い、清々した気分であった。しかし、すぐに寂しくなる。あんな仕事が、あんな仲間たちが、懐かしくなる。これが普通である。

こういうとき、あなたが頼れるのは、夫婦関係だけ、というのではあまりに寂しくないだろうか？　そんなあなたが、不動のパートナーを定年後もつことができる。読書だ。

(1)読んでいる本が知られることの恥ずかしさ

◆本がないから恥ずかしいか?

学生になりたての頃、本がないのが恥ずかしかった。本を読まないのを知られるのが恥ずかしかった。下宿が決まった。友人が来るかもしれない。本箱に受験参考書以外めぼしい本がほとんどない。恥ずかしい。というので、最寄りの古本屋に飛んでいって、一山いくらという本を買い込んで、本棚に並べ、ほっとしたことを憶えている。

いま考えたら、たんなるいい振りこきで、情けないかぎりだが、しかし、知的羞恥心のカケラくらいはあった証拠になる。まあ、よく解釈すればそうなる。

現在、同年輩の過半が大学等の高等教育機関に進学するようになった。大学生が、本箱がなくとも、机がなくとも、本がなくとも、少しも恥ずかしくない、ということになるのも、やむをえないのかもしれない。

それでも、やはり悲しい風景だと思う。本箱や机はなくともいい。しかし、本がないこと、読まないこと、それが恥ずかしいと思われなくなったら、日本ももう終わりではないだろうか。

◆羞恥心の摩滅が、老化のはじまりだ

ところで、いちばん最初にハッキリと「老化」するのはどうも羞恥心らしい。そういえば、四〇代や五〇代、場合によっては、六〇代のご婦人たちの羞恥心のなさは、まさに無敵の感がする。羞恥心がないわけじゃないのかもしれない。そう見えるにすぎないと考えられる節はある。羞恥心をかなぐり捨てるほどの破廉恥パワーがすさまじいということか。若い子も、避けて通るほどの「パワー」である。

この羞恥心のなかでも、簡単に摩滅してしまうのが、知的羞恥心である。知的羞恥心を見せない母親たちの子に、知的羞恥心に欠けるところがあるのは、当然かもしれない。

定年後、もっとも心強いパートナーと思われるのが読書である。何はなくとも、本さえあれば、定年後をしのぐことができる。それが人間である証拠だ、と私な

ら思える。

ところが、知的羞恥心が摩滅してしまうと、本を読まなくとも恥ずかしくない、と思えるのである。本を読む欲望がなくなるわけだ。

じゃあ、知的羞恥心を摩滅させないためにはどうしたらいいだろうか？　本を読むことである。まあ、鶏が先か、卵が先かの関係が、読書と知的羞恥心の間にはある、といっていいだろう。それくらい、読書をすることは重要な人間的行為なのだ。

◆知的破廉恥から身を守る

定年後を、知的好奇心を失わずに、いきいきと過ごそうとする人は、自分が読書にいそしむだけでは十分ではない。普段から、人生のパートナー（配偶者）の知的羞恥心を喚起するようにし向ける努力をしておく必要がある。最低限でも、おのれの知的羞恥心のなさを相手に押しつけるような所為に至らないように、慎重に防備網を張っておく必要がある。

本など読んでどうするの。腹の足しになるわけじゃあるまいし。本を買う金があるのなら、読む暇などあるのなら、もっと有意義なことに使うべし、もっとためになることをすべし。などといわれないようにである。

いわれるだけなら、まだいい。隠れて本を買い、隠れて本を読むなどという羽目に立たされたら、目も当てられないだろう。

もっとも、読書の悦びは、禁止や抑制があればあるほど大きいという。発禁本や悪書指定本が求められるのは、内容のゆえではなく、禁止されたため容易に読むことができなくなったがゆえである、というのがしばしばだろう。

まあ、読書を定年後の最良のパートナーとする気構えがありさえすれば、ことはすむだろう。しかし、伴侶が、知的羞恥心の敵でなく、味方であったほうが、どれほどいいかわからない。

(2) 読んでいる本を知りたい、知ってもらいたい

◆同じ本を読んでいることの悦び

私の場合、妻の読む本と私の読む本とのジャンルがよほど異なる。妻は私がど

んな本を読んでいても、気にならないらしい。私の書いた本は、一〇〇冊を超えるが、それさえおそらく一冊も読んでいないだろう。

しかし、私は妻がどんな本を読んでいるか、気になる。だから、しばしば、無断で妻が読んだ本、読みかけの本を開くことがある。宮部みゆきのものは、妻のほうが先に読んでいた。宮本美智子の『世にも美しいダイエット』(講談社)を手にできたのは妻のおかげである。料理の本、エコロジーの本、ダイエットの本という、いわゆる実用書やムック類だが、興味をもっても買う習慣のなかった本をのぞき見するのは、意外と楽しいものである。

ほとんど食べるものも、着るものも、趣味も共通点がないものどうしが三〇年以上共同生活をしてきたのに、いろいろ話し合う話題に事欠かないのは、相手の読んでいるものが気になるという私の性癖の副産物かもしれない。

若いときは、どちらかというと、みんなが読んでいない著者の本を読んで、悦に入っていたということがあった。初物食い、新奇好きである。しかし、だんだん目についたもの、手元にあるもの、他人がすすめるもの等、どんなジャンルの本でも悦んで向かえるようになった。

特に、三五歳のとき、谷沢永一『読書人の立場』（桜楓社　１９７７）を読んでから、谷沢さんの書くものばかりか、その読むものにも手が伸びるということになった。先生と同じ本を読んでいる悦びは、また格別のものである。

◆本を語り合うことの楽しさ

若いとき、自分の読んだ本について語るのは、楽しさよりも苦痛のほうが勝った。読んだ本について語ることは自分の「内心」の秘密をさらけ出すに等しい、と感じていたからだ。

しかし、本が引き離すことのできない伴侶であるということになってくると、本について語り合うことの楽しさは、極上のものとなった。この悦びは、本を読む習慣のない人にはとうてい想像できないだろう。

しかし、残念というべきか、当然というべきか、読んだ本について、膝を交えて語り合える友人というものは、得難いのである。非常に大切だが、稀である。若いときには、口角泡を飛ばして一冊の本について、一本の映画について議論した相手でも、年を経ると、議論よりも、よかった印象の、いい味を出している箇所などの確認や感想に終わりがちになる。これはこれでいいのではないだろうか。だからというべきか、本を友人と語り合うかわりに、本のことについて書いた読書論や書評集を読むことが好きになる。自分の読書眼を吟味するのにも役立つ。再読、三読する書物エッセイもある。

たとえば、谷沢永一**『紙つぶて（完全版）』**（PHP文庫）である。この本などは、少部数で出された浪速書林版**『書名のある紙礫』、文藝春秋版の『完本紙つぶて』『紙つぶて二箇目』**、潮出版社版**『話すことあり聞くことあり』**所収の「続・書名のある紙礫」を経て**『紙つぶて（全）』**（文春文庫）となり、「完全版」と成長するたびに、読んだ。

そして、谷沢ファンから、ついには「弟子」入りを先生から直に認められた。

◆本で仲間になる至上の悦び

それでも、いい本を読んだときは、誰かに聞いて欲しい。いや、この人にだけは聞いて欲しいという特定の「人」が欲しい。あるいは、いい本を読んだら、聞かせて欲しい「人」が欲しい。そういう人がいれば、なんといいことだろう。

人はさまざまなもので結ばれる。しかし、本で結ばれた人間関係ほどいいものは少ない。というのも、本を読んで、その本についてお互いじっくり語り合った仲は、心を通わす関係に入るからである。すこぶる大げさにいえば、「秘密」を共有することとなるのだ。

本について語り合うと、地位や金銭、年齢や性別、時や場所を超えて、しかも、一瞬のうちに、心を通わすことができる場合がある。まるで、天啓のようにだ。

外国を団体旅行しているときであった。アッシジの夕まぐれ、同行者の一人と出会った。二言三言、伝達めいたことしか話したことのなかった人である。道ばたのベンチに腰掛けながら、曾野綾子さんの『**天上の青**』（新潮文庫）についてしばし語り合った。背景がよかったせいか、ああ、この人とは長く友情をかわすことができるな、と確信することができたのである。

(3)素直に、直向き(ひたむき)に本に向かう

◆人さまざま、本さまざま

しかし、なんの場合でもそうだが、過剰に期待するととんだことになる。読書もそうである。第一に、書物とそれを書いた作者との関係に、第二に、書物とそれを読む読者との関係に、である。

映画ですばらしい演技をする俳優がいる。いっぺんにファンになる。しかし、その俳優と実際に会うと、とんだ俗物である、ということが判明して、がっかりすることは少なからずある。

読書も同じで、すばらしい本を書いた作家が、すばらしい人間かというと、およその逆である、と考えたほうがいい。抑圧された人、差別される少数者の立場に立って考え、書く、ノーベル賞作家の大江健三郎が、大江を批判する作品を載せると、その出版社の社長等を通じて編集者に圧力をかけ、反大江の声を封じにかかる、というような例は、よく見られることである。本と作家は別物である、と思ったほうがいい。もちろん、稀には、別物ではない作家はいる。

もっと気をつけたいことがある。すばらしい作品を読む人は、すばらしい人である、と勘違いすることである。これは、「私は古典しか読まない」などという人の態度によく現れている。すばらしい本を読むことはすばらしい。これはたしかである。しかし、自分のすばらしさを強調するために、すばらしい本を手に取る人はいるのである。無意識にそうする人がいる。馬子にも衣装というが、すばらしい本と、それを読む人とは、もちろん違うのである。

◆本を読むことは誇らしい。たくさん読んだからといって誇る必要はない

私は、本を読まない人間はダメだ、と考えている。本を読んだほうが、仕事の上でも、人間関係の上でも、そして何よりも、人生を楽しむという上でも、ずーっといい、と確信している。

日本が、長い歴史を閲する国のなかで、唯一例外的に、ずーっと上昇カーブを描いてくることができたのも、日本と日本人が、本を大切にし、本を読むことに熱心であったことと無関係ではない。これは、知っておくべきことだし、誇っていいことである。

本を読むことはすばらしい。本を読む民族はすばらしい。本を読むことは誇りうることだ。しかし、ここからがやっかいなのだが、本をたくさん読んだからといって、偉いわけじゃない、といいたい。

世にむやみと誇りたがる人がいる。そのことによって、かえって、人生をみすぼらしくしてしまう結果になる場合がある。世評も低くなる。

金をたくさん貯めたから、ばかでかい家を建てたから、数千という友人をもったから、オレは・ワタシは偉いんだ、といわれたら、その労を多とするも、失笑を禁じえないだろう。同じことは、たくさん本を読んだ、と誇られたときにも当てはまる。

読書はしなければならない。しかし、問題は何をどう読んだかであって、読んだ冊数ではない。

◈知的であることは誇らしい。それ以上に、すばらしい

本を読む習慣をもつ国と人はすばらしい。誇るべきことである。なぜか。

本を読むと知的になるからである。正確にいうと、読書とは知的活動の基本であるからだ。社会も人間も、何か重要なこと（something）をなそうと思えば、知を必要とする。知を巡らさなければならない。

しかし、サムシングをなすためには、必ずしも読書を必要としなかった。豊臣

秀吉や徳川家康は、書物を大切にしたし、読書（耳からの読書）も怠らなかったが、信長は、新知識には猛烈な興味を抱いたが、読書の人ではなかった。

　ところが、今日の高度知識社会では、サムシングをなすためには、読書が必要条件の一つになった。それでも十分条件ではない。むしろ、読書が独創性の敵になる場合がある。本に書いてあることは「既成」のものであるからだ。

　読書が知的活動の基本であり、他人に誇りうることではないかもしれないが、すばらしいのは、読書が、純粋な、したがって目的も成果も期待する必要のない、知的消費活動だからである。読書にいそしむことで人は楽しい時間を、人生をもつことができる。これである。

　定年前であろうが、定年後であろうが、直向(ひたむ)きに本に向かう時間をもつことができるとは、なんてすばらしいことではないか。

二章●読書のある人生、ない人生

1　本がなかったら自殺していたかもしれない

――開高健の青春――

敗戦で、働き手の父親を失い、夜のアルバイトで一家を支えなければならなかった大学生の開高健は、昼間は雑読乱読に明け暮れた。自分の才能を恃み（たの）ながらも、前途に光明を見ることのできなかった青年は、のちにこの時期のことを回顧して、「もし本というものがなかったら、自殺していただろう」という。この述懐に同意される方もあるに違いない。

しかし、もし本のない老後を考えたなら、生きる甲斐の大半を失う、と考えている人はもっと多いのではないだろうか。

(1)人恋しい、本恋しい

◆友人がいなくとも、本があれば……

若いとき、友人がいなくとも、本があればいい、と思った人はそんなに多くないだろう。人恋しい、これが青春の最大の指標だろう。開高もそうだったに違いない。

しかし、そんな開高に、とびっきり本読みの友人ができた。谷沢永一で、いいことに一つ年上だった。一つ年上に向かっては、なんでもいえる。甘えることができる。谷沢もまた、大学には足を一度も向けず、自宅の書斎で本に埋まる生活をしていた。のちに一人は芥川賞を取り、一人は学究の徒から評論の道に進んでゆく。本を相手に格闘する生活を通じて、本で結ばれた友情を終生変わることなく維持してゆく。だが、こういう例は稀だろう。

普通、定年後、友人はどんどん少なくなってゆく。新しい友人をえるのは、本当に難しくなる。だからこそ、若いときから、友人を大切にしておかなければならない、新しい友人をえる努力をしておかなければならない、というのが私の考えだ。

しかし、気づいたときはもう遅い。それが人生の法則である。転ばぬ先の杖、とはいきかねるのである。

定年後、友は少なくなる。こう思ったほうがいい。しかし、心豊かに生きたい。心の通う相手を見いだしたい。心の友は、数が少なくとも、一人でも、欲しくないであろうか? 私なら痛切に思う。しかし、簡単にえることができない。だが、心の友ならば、読書がある。本があればいい。定年後に、心の通い路が開かれる。私ならそう思う。

◆作者よりも、本が好き

開高健はこてこての浪華っ子である。その浪華ぶりが存分に躍動した快作『日本三文オペラ』(角川文庫)が雑誌『文學界』に連載されたのが一九五九年。私が高校二年から三年になるときだった。心密かに大学は大阪に、と決めた。

どうだろう。ドストエフスキーの作品がどんなに好きだからといって、ドストエフスキーに会いたいと思うだろうか。私なら、もし会わせるといわれても、願い下げだ。しかし、開高には憧れた。嬉しいことに、写真を見るかぎり、顔つきも少年時代から私とよく似ていた。もっとも、開高はもう大阪にはいなかった。

それに、直接会いたいとも思わなかった。開高の小説を、エッセイを、体験記を読むだけで十分だった。

三〇代の後半、ぽつりぽつりとものを書くようになった。開高健「番」の編集者であった背戸逸夫が私を使ってくれるようになり、開高との間にある距離がうんと縮まった。背戸さんに「会わせる」といわれたが、やはり躊躇した。そして、やはり会うべきだ、会いたい、会おう、と思ったときは、すでに開高は病床のなかにあり、あっという間に不帰の人となってしまった。

会えなかったのは残念だが、いまでも開高は開高の作品のなかにある。その開高と、片思いにせよ心を通い合わせることができる。こういう青春時代から変わらない作者と作品とのつきあいも、稀である。

◆ああ「伝説」の人に会ってしまった

開高に会おうと思って、果たせなかった。しかし、開高の一周忌に、背戸さんが谷沢永一と向井敏に会わせてくれた。開高は私が郷里から脱出するチャンスというべきか、口実というべきか、いずれにしろきっかけを与えてくれた。

谷沢先生の著作にはじめて出会ったのは三五歳、まさに運命的であった。私の本格的な読書人生がはじまったのは、このときからである。酒を本格的に飲みだしたのも遅かったが、本もまたそうだった。そして、谷沢先生の著作を通して、新しい開高健に出会い、向井さんに出会った。

このとき以来、チャンスが与えられれば、自分の贔屓（ひいき）に会うことを厭わなくなったような気がする。長谷川慶太郎さんに会った。曾野綾子さんに会った。梅棹忠夫さんに会った。そして、渡部昇一さんにも会ってしまった。すべて、私の愛読書の著者であり、いわば私にとっては「伝説」のなかの人たちである。

読書がとりもつ縁というのは、本当に絶妙なものである、と思う。著者に直接会わなくともいい。しかし、会えばなおさらいい。

同じことは、本を介した友人の間にもいえる。本について語り合うのは、なにも直接である必要はない。むしろ、電話や手紙、電子メール、場合によっては、伝言でもいいのである。対話とは違った「流れ」がそこに生まれる。激しい流れがある。ゆったり流れる大河がある。しかし、いずれの場合も、「清流」である。

(2)貧しい、本恋しい

◆本は本当に安い

定年後、収入は確実に減る。定収入は見込めない。そんな時期に、本を買うなんて、と躊躇する人が、あんがいに多い。

時間も暇もたっぷりある。図書館で借りて読めばいい。このように考え、あんがい裕福であると思えるような人でも、図書館で借りることができる本を読むだけの人が、私のまわりにもいる。評判の読みたい本が借り出されている場合でも、順番を待つ人が多い。

でも、じつは、定年後こそ、「タイム・イズ・マネー」(Time is money.) なのである。いや、時は金より大切である。生きられる時間は絶対的にかぎられているが、金は相対的にかぎられているにすぎない。生きる時間を、わずかの金の問題で失うのは、賢い人のすることではない。

それに、本は高いだろうか。本をじゃんじゃん買えるほど余裕がない、という人がいる。じゃんじゃん買う必要はない。読みたい本を買い、読めばいいのだ。読みたいときに買って読まないと、読み逃がしてしまう。

それに期待通りの本であったなら、その価値は一生ものである。私はいわゆる愛書家ではない。それでも、自分の気に入った本は、価格のいかんにかかわらず、大切にしている。ていねいに扱っている。けっして、床にたたきつけるなどというようなことはできない。つまり、一生つきあう気でいる。こう考えると、高いといわれる二〇〇〇円以上の本でも、少しも高くない、と思えないだろうか？

◆本は手を伸ばしさえすれば、そこにある

本を買うのはいい。しかし、嵩張る、置き場に困る。こういう人がいる。その通り。その上に、本は重く、湿気を招く。その保管はあんがい厄介である。

しかし、子供がいて、夫婦の独立した部屋さえ確保できない時代は別として、定年後、買った本の置き場がないほど窮屈な生活をしなければならない人は、どれほどいるだろうか？　むしろ実態は、いなくなった子供の使い古しの品々がそのまま置かれ、一種の物置と化した部屋が、手つかずのまま放置されているので

はないだろうか。ご多分に漏れず、私の家も、二室が物置場然と化している。

使い古しのもの、いらなくなったものを少し片づける、処分するだけで、本の置き場はできる。若いとき、文庫本を収納するのにぴったりの、五〇センチくらいの高さの本箱を特売で買って、居間とキッチンの仕切にしたり、空いている壁際に置いた。手を伸ばしさえすれば、そこに本がある。それに、本が置かれた空間は、非常にいい。子どもたちにとってもいい（ように感じた）。

本は、手近にあれば、読む。特に一箇所にまとめて収納する必要はない。トイレに、枕元にある。料理しながら手の届くところにある。生活臭のあるところに、本はよほどよく似合う。

◆本という伴侶

江藤淳が伴侶を亡くして、自殺した。直後、谷沢永一先生から電話がかかった。江藤さんのことを話すと、「私も江藤さんと同じことをするだろう」という言葉が漏れた。

この正月、昨年一二月に奥さんを自動車事故で失ったIさんが、あとを追って自殺した。痛ましいが、自分の半身とも恃む伴侶を失ったときの想いを考えると、なかば以上に納得できる。特に定年を過ぎて、伴侶を失ったときの悲しみは、計り知れない。

一生の伴侶となる本は、少ない。本といい関係を保っている人の多くは、少年時代に読んだ本に、青年時代に熱中した本に、いつまでも愛着を持ち、ときに開くことさえしている。羨ましいかぎりだ。

だが、本の好みはどんどん変わってゆく。これが当たり前なのだ。好みが変わらなくとも、愛着を抱くに足る新しい本がどんどん出てくる。一夫一婦制は、本には似合わない。本と多面的なつきあいをしていると、おのずと好みに流れが生まれる。贔屓の作家ができ、伴侶と思える本が決まってくる。けっして、一作家、一作品ではない。

定年後こそ、本との関係は、一夫多妻あるいは一妻多夫でいきたいものだ。いまさら自分の好みを変えたくないという固定観念型の人になりたくない。定年後こそ、なにものにもとらわれない精神の持ち方が可能になるのだ。そういう精神のあり方を可能にする良薬が、本との多面的なつきあいではないだろうか。

「オヤ！」と感じた本には、まず、触手を伸ばしてみなさい。こうすすめたい。

(3) 暇がない、本恋しい

◆暇がなくとも、買うことくらいはできる

本を読む暇がない。こういう人は、暇があっても読まない。正確には、暇があるから読まないのだ。

暇があろうとなかろうと、読む人は読む。パンは肉体の糧、本は精神の糧である。

しかし、まずは、読む本がなければ、人は本を読まない。読むことができない。だからいいたい。暇がなくとも、読みたい本だけは買うがいい。さらに、本に限らず、購買欲がなくなったら、そうとうに老化した、と思っていいだろう。

「積ん読（つんどく）」という言葉がある。本当のことをいえば、私の蔵書も大半以上は積むだけで読まずにある（Buy books and just keep them without reading.）。しかし、私は根がケチだから、買ったら「読む」のである。「目」を利かす。たいていの

人は、そうではないだろうか。買ったが、一度も手を通したことのないスーツやドレスが山ほどある、という人があるが、こういう人ほどドケチなのだ。その訳、わかるでしょう。

たいていの人は、ケチだから、買ったら手に取る。目を通す。しかし、凡人であろうとなかろうと、気に入らなかったら、読むのをやめる。私の積んで終わりという本は、たいていこの部類に入る。

これは読書にかぎらない。ドケチの人は、本が汚れるといってカバーを掛ける。埃をシャットアウトするために、ビニールの袋に入れる。つまり、読めなくしてしまう。日に当たると変色するので、装飾品として活用しない人さえいる。

本は自前で買う。買った本だから読む。これが、餌を与えられ、ただそれだけを食う家畜と違う、一人前の自立した人間であることの証の一つである。大げさに聞こえるかもしれないが、私はそう確信している。

◆買う楽しみは格別だ

ショッピングは、たとえウィンドウ・ショッピングであっても、楽しいものだ。

買う人の顔が輝いている。インターネットや通販で、また別な買い方が増えて、楽しみが増した。しかし、売り場に行って、直接、手や目で触れて買う楽しさは、特別なものである。

大型店の正面入り口から入ってゆくときの高揚した気分。専門店のめざす棚にまっすぐに進んでゆくときの快感。古書店の狭くて暗い通路に入り込むときの、未知との遭遇を期待する妙に隠微な心。

それに、本を買うという行為のなかには、読んで、ある程度目利き（ジャッジ）するという「読み」の作業が加わる。かなりきつい知的作業なのだ。

だから、年をとると、書店に行くのがつらくなる。疲れる。しかし、だからこそ、知的エネルギーを保持するためには、書店に出向く必要がある、といいたい。書店に足を向けるかどうかは、知的若さを保つバロメーターの一つである。

◆暇がないときほど読書は楽しい

暇がない。だから本くらいは買うことをしよう。しかし、はっきり断言して、暇がないときほど読書は楽しいのである。「空腹にまずいものはない」（Hunger is the best sauce.)。

定年後の読書生活の大きな困難は、十分な時間がある、ということにある。読書時間が確保できるのに、その余裕に見合う読書欲がわかない、ということにある。

時間がたっぷりあるというときは、いまこの瞬間に本を読まなくとも、いつでも読む時間を確保できる、という心的状態にあることを意味する。したがって、時間ができるから、いままで読めなかった本を、定年後引っ張り出して読もう、という心構えでは、たいてい失敗するとみていい。読書欲をどう呼び起こすかが問題になる。

定年後こそ、絶えず読書欲を喚起させるために、本を買う必要がある。若いときのようにむやみやたらに買う必要はないかもしれない。しかし、本の購読欲は、読書欲の重要な一部をなす、と考えて欲しい。

2 本を読まなかったら大人になれない

――読書は「大人」へのパスポート――

「人権」などという言葉が一人歩きしている。他人の人権など歯牙にもかけないくせに、少しでも自分の利益や面目が損なわれるような場面に遭遇したら、「人権侵害」を叫ぶ人がいる。まだ一人前の大人＝人間になっていない証拠である。

自分だけの都合の世界だけしか頭になくて、どうして大人になれる。人類が長い間かけて蓄積してきた、人間としての、あるいは日本人としての「良識」（理性）を知らないで、どうして大人になれるだろうか。

この良識を知る手だてはいろいろある。読書もその一つである。しかし、ワン・ノブ・ゼムではない。書物のなかに蓄積されている人類の知的遺産を読み取ることは、いつの時代でも、人間として当然持っていなければならない知識や道徳を知りかつ実行するための最良の手段なのである。

(1)両親から自立する

◆両親に相談しない

「自立」というのは、ひとまずは、依存していたものからの「自立」である。普通は、両親から、だ。ここでは、私自身をケースにして語ってみたい。

どうしてそうなったのか、自分では明確にできないが、私はもの心ついたときから、両親や周囲の人にものごとを相談するのが苦手になっていた。それがどんなに低劣であっても、自分の進路については、なんでも自分で考え、いちおう決めなければすまない性格になっていた。

おそらく、おぼつかなかったとはいえ、私の「ジャッジ」のよりどころのような役割を果たしたのは、『中学時代』『高校時代』『螢雪時代』ではなかっただろうか。旺文社から出されていたこの受験雑誌は、田舎の少年にとっては一種の夢のような「異世界」へのサクセスストーリーを提示していた。正直いって、読んで、心が躍った。

もう一つの私のジャッジのよりどころは、まわりのみんなと同じ選択をしたくない、ということだった。天邪鬼(あまのじゃく)である。それで、小・中学校の同級生が行く校区と異なる高校へと、高校の卒業生がほとんど入学したことがない大学の学部へと、進路を決めた。

私の両親は、どちらかというと、頼りがいのある、頼れば十分に応じてくれる力をもっていた。でも、大事なことは相談しても甲斐がない、と心決めしていた。そう思えたのは、読書の力による。受験雑誌を、といっていぶかしく思われる人がいるかもしれないが、自分で、親と違う人生を歩もう、と考えることができたのである。

◆「家」を棄てる

両親に抱かれるようにして生まれ育った家郷のなかに、私は自分の将来を見ることはしなかった。見ることができなかった、といったほうがいいだろう。この家郷から「自立」する、が少年時代の最大目標になる。出ていった先の世界はというと、漠然としている。自立というものがどんなものかも、わからない。

少年がすがったのは、東京や京都ではなかった。すでに述べたように、開高健が**『日本三文オペラ』**で描いた大阪であった。

一九六〇年代までは、自分が生まれ育った家郷を棄てる「合法的な手段」は、大学進学であった。猛反対に出会ったが、受けるのは私である、北大では気乗りしない、で押し通した。

家郷を棄ててから二三年過ぎ、両親が健在なうちにというので、家郷に戻ってきた。生家の商売は没落していた。純農村地帯であった厚別（あつべつ）はベッドタウンから副都心へと大変貌を遂げ、今度は私を受け入れてくれるようなところではなくなっていた。

残念ながら、父は一年あまりでなくなった。それで、新しい生活の場を、現在の長沼町馬追山中腹に求めた。典型的な過疎地［＊3］である。

＊3　拙著『過疎地で快適に生きる方法』（学研　1995）で、私の過疎地での

暮らしぶりを述べた。

◆定年前に定年後の生活をしている

週に二日、講義のため、札幌に向かって車を走らせる。その夜は、たいていススキノ泊まり。それ以外は、いってみれば読書と著述の毎日である。妙な表現だが、フルタイムで読書時間がある。こういう生活をもう一〇年以上送っている。だから、私の場合は例外かもしれないが、定年後のことについて、心を悩ませたことはない。読書が人生の一部にかっちりと組み込まれてあるからだ。何がなくとも読書はある。

私は、どんなに貧しい内容のものであっても、読書というものが芯になかったら、現在のような生活を考えることはできない。私は、自分自身に即していえば、私の自立は読書に始まり、読書に依って、読書に至った、といえる。

これを幸福といえるのか、幸運といえるのか、といえば、幸福であり、幸運である、と断言できる。

むしろ、定年後に、全く新しいことをはじめようという外圧がないぶん、ちょっと拍子抜けかな、という気持ちがある。

(2)先生から自立する

◆読書する先生をもたなかった

大人になるための二つ目のはっきりした壁は、小・中・高・大学を問わず、先生である。先生から自立する、である。

高校を終えるまで、知的に影響を受けるような先生に一人も出会わなかった。このことを私は一度も不運だとも、不幸だとも感じたことはなかった。学校の先生になにごとかを期待しない、もちろん、相談の類をもちかけない、これが私の流儀だった。

大学まで、自分の前に、読書する先生が現れなかった。正確にいうと、読書しない学生だったので、そういう先生を求めなかったし、したがって、知らなかった。

これは、あるいは不幸なことかもしれない。しかし、この不幸によって、むしろ、大学に入って、必死になって、自分の世界を、大人の知的な世界を自力で求めるという強い要求をもったように思う。

大学で哲学科の倫理学教室に入った。主任教授の相原信作先生はよく本を読んでおられた。しかし、学部と大学院修士の四年間、毎週ほとんど単独で講義や演習を受けていたのに、相原先生は、自分の読書世界を私に語ることはほとんどなかった。また、私のほうから先生になにごとかを聞くというようなことはほとんどなかったのではないだろうか。

非常に生意気ないい方をすれば、大学まで、私は残念ながら、知的に超えるような目標としての先生をもたなかった。また、相原先生は、超える超えないの対象ではなく、あまりに孤高の感じがした。

◆「聖典」をもった日々

大学院に入って、私ははじめて「聖典」をもった。信奉するだけでなく、それを理解し、解説できなければならない書物である。この聖典と知的かつ批判的な関係を結ぶ、それが私のとった態度であった。それでも、私は、聖典をもつことによって、一旦、自分がもったと思った知的世界の秩序をご破算にしなければならなくなった。

聖典というのは、マルクス主義の「古典」である。端的にいえば、マルクス・エンゲルス・レーニン、そして、私たちが信奉する小野義彦先生と森信成先生の著作［＊4］である。

聖典をよく理解し、うまく解説できることは、聖典が無条件で通用する世界では、とても重要なことであった。

私は、聖典をもつ前に、独りよがりにもせよ独自な知的世界を、読書体験をすでにもっていた（と思う）。この点で、知的活動の最初から聖典を無条件に受け入れた人たちとは、少し異なるだろう。しかし、思考の自立の根拠は、聖典にあった、その理解にあった。

それでも、私の思考スタイルや行動パターンは、同じ聖典を信奉するグループのなかでは際だって変わっていた（かもしれない）。それに、聖典にはあまりにも多くの「欠陥」が存在した。時代遅れがあった。

現実をマルクスの思考枠組みで理解しようとすれば、マルクスの思考を大きく修正しなければ使い物にならなかった。マルクスで生きているものと死んだものとをつねに分別して進まなければならなかった。

＊4　小野義彦『現代日本資本主義論』（青木書店）、森信成『史的唯物論の根本問題』（青木書店）

◆「生徒」になった日

三五歳のときに、はじめて本当の先生に出会った。先生といっても、書物である。出会いとは、偶然である。しかし、会うべくして会うのだ。こちらに、意識するしないにかかわらず、直向き（ひたむき）に向き合いたいものを求める渇望感がない場合は、どんなにいい出会いが設定されても、無駄に終わる。

一冊の地味な書物エッセイ集を偶然、東京から大阪へ帰る列車のなかで読むために買った。谷沢永一『**読書人の立場**』である。これも全く偶然であったが、すぐに、著者谷沢が、開高健の無二の親友であることがわかった。偶然は重なったわけだ。

一読して、最初から、著者谷沢が読書の終生の「先生」になるという強い予感に襲われた。私がこの本と出会って、聖典の世界から完全に脱するまで、それでも一〇年強の歳月を要したことになる。

谷沢先生の著作、それに谷沢先生が推奨する著作を猛烈な勢いで読みはじめた。その日々を通じて、私ははじめて自分がなにものかである、と主張できうるような道を進んでいる、と確信できうるようになっていった。

「自立」は一回きりのことではない。何度も何度も、「回心」は起こる、とみるべきだ。開高健の著作に出会って、家郷から自立するきっかけをつかんだ。その後、開高の著作は私の精神の最高滋養となった。谷沢永一の著作と出会って、聖典から自立するきっかけをえた。いまに続く道である。思考者としての自立である。

(3)世界基準で生きる

◆読書しなければ？

読書しなければ、大阪大学を選んだだろうか？　読書しなければ、哲学を選んだだろうか？　読書しなければ、研究・教育者の道を選んだだろうか？　読書しなければ、マルクス主義者になっただろうか？　読書しなければ、マルクス主義と決別できただろうか？　読書しなければ、開高さんとも谷沢さんとも、曾野さんとも出会うことなく終わっただろう。そして、読書しなければ、物書きになっただろうか？

まるで、読書しなければ、なにものでもないようなのが、私の人生の過半である。

そして、何よりも、読書しなければ、「世界基準」（グローバル・スタンダード）で生きることをめざさなかっただろう。したがって、ジャパニーズ・スタンダードを見いだそうという努力も、自分とはなにものであるか、に思いを巡らすこともなかっただろう。

読書とは、一言でいえば、世界とあい渉ることである。「渉る」とは、広く通じる、広く知る、広く読むである。本を開くとは、世界の扉を開くことだ。

本が開かれ、その世界に入り込んでゆけば、自分自身が開かれる。大人になるとは、世界に向かって自分を開くということだ。読書しなければ、世界が開かない。世界に開かれた自分になることができない。

世界を開き、自分を世界に開くことは、定年後、ますます重要になる。というのも、青年時代までは、世界が自分の前におのずと開かれてくる（ように感じることができる）。しかし、定年後は、自分を世界に向かって開かなければ、自力で世界を開かなければ、自閉状態、停滞に陥るのである。

◆ドストエフスキーのあとにナボコフを読まなければ

ドストエフスキーの著作を読むと、熱に浮かされたようになる。中村白葉訳『**罪と罰**』、米川正夫訳『**カラマーゾフの兄弟**』『**白痴**』（以上、岩波文庫）、みなそうだ。まるで数週間、作者がつくりあげた世界の住人に同化し、その虜になる。夢にまでうなされる。ほとんどは悪夢である。自分が、ドストエフスキーを読む前と読んだ後と、全く違った人格の持ち主のように感じられる。こういう経験をいろんな人から聞いた。

私の場合も同じようだった。思いっきり、人間の悪性がえぐり出され、いきいきした形象を与えられ、自分のなかで活発に活動しはじめる。人間て、俺って、なんてヤツだ。いったんは、こう思う。しかし、少したつと、「自分の悪性を自覚できる」自分が、いささか誇らしくなる。少し高見に立って、「凡庸な人間」を眺める感覚をもつようになる。

しかし、ナボコフがいうように、「作中人物の群像がほとんど神経症患者や精神障害者からのみ成り立っているような文学」[＊5]として、ドストエフスキーの作品を見ることができるようになれば、おのずと話は別である。つまりまともな判断力をもった大人の立場から、読むことができるようになれば、である。

一二歳の頃、**『罪と罰』**を読んで「すばらしく力強く、血湧き肉躍る本だ」という読後感をえたナボコフは、一九歳で「ひどく感傷的な悪文」と思い、二九歳でドストエフスキーを講義で論じるために読んだときに、この作品の致命的な欠陥を悟るのである。

ナボコフを読むようになって、ドストエフスキーの「極端」と「悪趣味」から逃れることができた。横溝正史の**『八つ墓村』**（角川文庫）やその映画化である市川昆監督の作品と、同列において読むことができるようになった。

高村薫が、ドストエフスキーを念頭に置いて、直木賞を受賞した『マークスの山』（早川書房）を、これはミステリーではない、といった。高村は勘違いをしている。

「探偵小説のなかの人物は、ひとたび私たちに紹介されれば、あとは最後の最後まで、特定の外見と個人的な習癖をもつ完成した人間として全く変化せず、終始一貫して、複雑なチェスの問題集におけるチェスの駒のように扱われる」とナボコフはいう。ドストエフスキーも、そして高村も、まさにこうした探偵小説（ミステリー）の作家なのである。

＊5　ウラジミール・ナボコフ『ロシア文学講義』（1981〔TBSブリタニカ1982〕）

◆小西甚一に読書のジャッジを求める

読書とは、読みっぱなし、忘れっぱなしでいい、というのが私の基本的な意見である。しかし、そうはいかない場合がある。読むとは理解することだ。世界を知る一つの態度でもある。その理解の程度が試される場合がある。読んだ、わかりません、ですまされないことがある。読んだ、私はこう理解した、私の理解は妥当か、までいかなければならないことがある。私の理解は妥当か、を判断するジャッジが必要になるわけだ。

大冊**『日本文藝史』**［＊6］全五冊（別巻「日本文学原論」は未完　2002・2現在）は、おそろしく困難な主題を追っていながら、驚くほど読みやすい、奇蹟的な本である。未熟な半人前の人間を読書対象にしたような作品に飽き飽きした人なら、必ずたどり着きたいと思う内容を約束してくれる。

作者小西甚一は、日本の文学の特質を、世界基準において論じるという離れ業を演じている。平たくいえば、英米人に通じる日本文学論である。もちろん、日本人によりよく通じる。

私は、本を読んでなにごとかの判断をえた場合、その判断の正否を仰ぐジャッジを、小西さんに求めることにしている。もちろん、谷沢先生にも求めるが、小西さんは、その谷沢先生がジャッジを求める一人なのである。ここに「最長老」の、大人のなかの大人のジャッジがある、といえばいいか。

もちろん、小西さんの判断に納得できない場合はある。しかし、その場合も、よくよく小西さんの意見を参照しながら、精査することにしている。これで、読書が楽しくなるだけでなく、奥深いものになる。定年後の読書の友に、「何はなくとも小西甚一」といってみたい。

＊6　小西甚一『日本文藝史』（全五冊　講談社　1985〜1992）。英語訳版もある。なお、小西さんの実力を知りたい人は、『日本文学史』（講談社学術文庫　1993）を一読することをすすめたい。

3　読書する人は「何か」が違う

――アンテナを張る――

科学者（微生物研究者）でミステリー作家でもあった由良三郎は、『ミステリーを科学したら』（文藝春秋　１９９１）のなかで、勘ばかりに依拠する小説はいただけないが、実際の警察活動でも、科学の世界でも、「勘」が重要であり、実際に役立つ、という。

曽野綾子さんはその「動物的勘」を誇ることがしばしばある。多くは、説明なしですますために持ち出す「便法」かとも思われる。というのも、知的活動をすれば勘は鈍る、というような通説がまかり通っているからだ。

読書をすれば、勘力が鋭くなる。なぜなら、読書とは、世界にさまざまなアンテナを張り巡らすことと同じ作業であるからだ。アンテナが立っていなければ、どんな情報もキャッチできず、素通りしてしまうではないか。

(1) 仕事を見つける

◆「やりたいこと」がわからない人のために

「これぞ」と思うことをしてみたい。これは、まだ自分の仕事が決まっていない若者の望みだけでなく、すでに一定の仕事を長年かかってやり終えた、定年後の人にとっても、切実な問題である。

まだどんな仕事にも就いたことのない人をのぞいて、「やりたいことがわからない」という人のほとんどは、いまやっていること、いままでやってきたことに、満足を感じてくることができなかった人である。

しかし、自分の仕事に情熱を傾けて存分に生きた人たちの話を読んだり聞いたりしてすぐにわかるのは、そのすばらしい仕事は、最初は何かのはずみで「偶然」たずさわったものであった、ということである。最初から「これぞ」と思って信念をもって選択したものではなかった、ということだ。

読書の最大の楽しみの一つは、他人の人生を共有することができるということだろう。もちろん、これは読書にかぎらない。かつて、石原裕次郎が日活の青春スターであったとき、裕次郎の映画を見て、映画館から出てくる男性は、股を開いて少し左足を引きずるように歩いたそうである。裕次郎扮する主人公に同化してしまったのである。もちろん、こういう影響はすぐに消える。

私は、さまざまな読書を通じて、それこそ千差万別の人生を共有してきた。そこにはすばらしい仕事があった。しかし、「これぞ」という仕事に自分が就いてみたい、と考えたことはなかった。問題は、偶然にせよかかわった仕事で、懸命に努力した人が、その仕事を「これぞ」と思えるようになる、ということが判然としたことだ。

もちろん、一年以内で打ち切りということが最初からわかっていたような臨時の仕事でも、与えられた期間、きちんと仕事をこなし、そのことで少しでも知識や技術を学ぶ人が、結局、どんな仕事をしてもいい仕事をする、ということがわかる。もう少しいえば、そういう人に向かって、いい仕事がやってくる、ということだ。

こういうことは、自分の周囲を見回しているだけでは、なかなか理解できないし、実感もできない。逆に、よく目に映るのは、楽して得を取り、胡麻を擂って甘い汁を吸う要領優先の省力型の人間ばかりである。だから、自分自身が不満型の人間になる。

読書をする効用は、他人の人生を客観的に観察することができることである。自分の人生を他人の人生に置き換えることができることだ。不満分子からはまともなことは出てこない、「これぞ」と思える仕事は棚からぼた餅式にはやってこない、と知ることができることだ。

◆『大学教授になる方法』

私の書いたものでいちばん売れたのは『**大学教授になる方法**』(青弓社/PHP文庫)である。それも、「大学教授になるには特別の資格はいらない」「偏差値五〇でも、やりかたさえ間違わなければ、誰でもなれる」というキャッチコピーをつけてである。

重要なのは、特殊な才能がなくとも大学教授になることができる、実際になっている、ということを現役の大学教授が、誰にでもわかるような形で、一冊の本に書いた、ということではなかっただろうか？

現在でも、このガイドブックをよく読まないで、インチキ本か何かのようにいう人がいる。私は特別のことを書いたのではなかった。もっとも、事実を少しあけすけに書きすぎた嫌いはあるかもしれないが。

カーネギーの『**人を動かす**』―HOW TO WIN FRIENDS AND INFLUENCE PEOPLE（創元社）を一読してもらえればわかるが、この本には実践のすすめとして挙げている一つ一つをとれば、普通の人なら誰でもできることばかりが書かれている。

曰く。「口やかましくいわない」「長所を認める」「礼儀を守る」等々である。むしろ、あまり平凡すぎて、拍子抜けがする。しかし、そのどれもおろそかにせず、集中力と持続力をもってやり抜くこと、とある。問題は、その情熱があるかどうかにかかっている、というわけだ。

こういうことは、本で読んで、自分で確認し、繰り返し繰り返し反芻しなければ、なかなか実行できないものである。

『**人を動かす**』が書かれたことにより、「人を動かす」術は「天才」や「魔力」の仕業ではなく、普通の人が獲得可能になった。同じように（というのは口幅ったいが）、『**大学教授になる方法**』が書かれて、はじめて誰でも大学教授職に挑戦できるようになったのである。これを読書の効用といわなくて何であろうか？

(2) 仕事ができる

◆仕事の準備

本を読む人は仕事ができる。こういいきってしまいたいほどに、読書といい仕事をすることとの間には、一見して、必然的な関係がある。

本を読んだからといって、仕事ができるわけではない。本を読まない人にも、いい仕事をする人はたくさんいる。むしろ、本を読んで頭でっかちになって、手足のほうがおろそかになる、ということがあるではないか。これも事実だ。

しかし、私の経験則によると、いい仕事をする人のバックグラウンドには必ずといっていいほど、いい読書が潜んでいる、ということがわかる。仕事を「人生」

に置き直してみると、いい人生を送る人の背後には、読書が潜んでいる、といえるだろう。これをもう少し引きのばしていうと、いい定年後を迎えるためには、いい読書という背景がなければならない、ということにならないだろうか？　然り、と私ならいいたい。

どうしてこんなことがいえるのだろうか？　読書などに使う時間があったら、もっと仕事に使う時間を増やせ、というもっともな意見もある。その通りである。仕事の時間を減らして、読書に熱中する。これでは台無しである。読書は、もちろん、バックグラウンドである。仕事の前で、仕事の後でするのである。

読書は、仕事との関係でいえば、第一に、情報の収集や技術の習得の重要な基本要素になる。第二に、読書それ自体が知的トレーニングの一環になる。第三に、レクリエーションになる。簡単にいってしまえば、知的ストレスを取るのである。同じスタートラインに立つとすると、読書する人としない人との差は歴然としている。それ以上に、差は、仕事に対する取り組み方の違いに現れる。

手ぶらで、知的準備体操も調査もなしに、昨日のストレスを抱え込んだまま、仕事にとりかかる人が、まあなんと多いことか。こういう人の仕事は、誰とでも取り替え可能である。彼・彼女でなければできない仕事ではない。

◆第二の仕事

読書をする人は、現在の仕事に対して前向きにならざるをえない。と同時に、現在の仕事ばかりでなく、次の仕事、新しい仕事を見いだすことにも前向きである。私は二足の草鞋を履くことをすすめているのであろうか？　否、かつ、然り、である。

私は、「やりたいこと」を見つけるためには、現在の仕事に全力でぶつかれ、と主張する。現在の仕事に全エネルギーをつぎ込み、成果を上げることが基本である。成果のうちには仕事によってえられる知識や技術の向上があり、人間関係の拡大進化がある。

そして、現在の仕事にエネルギーをつぎ込めばつぎ込むほど、現在の仕事の枠組みでは抱え込むことができない新しい能力が、エネルギーが芽生えてくる。

簡単にいってしまえば、現在の仕事のエキスパートになればなるほど、現在の仕事だけでは満足できなくなるということだ。自分に芽生えてきた新しい能力、新しいエネルギーに方向を与え、新しいトレーニングを見いだすために、人はおのずと新しい知見を求めるようになる。よく考える人は、その手段を読書に求める。安易な人は、ハローワークや就職案内書を求めて、それで足れりとする。

読書をしているかどうかは、特に定年後の仕事にとっては決定的である。

私はこれこれのエキスパートである。定年後も引き続きその能力を生かしたい。こういう人は、あんがい厄介である。

逆に、私は、これこれのエキスパートだったが、どんな仕事にでも挑戦したい。それに耐えうるだけの知的トレーニングは積んでいる、という人に道が開かれるのではないだろうか？　定年後、自ら道を狭めたり、閉ざしたりすることが、もっとも愚である。

前者は、それまでやってきた仕事の延長であり、したがって、基本的には、縮小再生産である。惰性である。後者は、一見してハードに見えるが、新しいことに挑戦するという楽しみがある。何よりもエキサイティングではないか。

どちらがいいかは本人次第である。私なら、定年後に、新しい仕事に挑戦することをすすめたい。時間もたっぷりあるではないか。定年前五年間、定年後五年間、併せて最低一〇年間あれば、新しい分野のエキスパートになれる。こう思わないだろうか？

(3)世界を見いだす

◆世界を読む

本を読むことによって世界が開かれる。自分が開かれる。しかし、本を読むことによって、世界が見えなくなる場合がある。

たとえば、共産社会になれば自由で平等で豊かで平和な社会がくる、というマルクス主義の教説（テキスト）を読んだばかりに、そういう理想社会を実現するためにならら、資本主義国とその国民を蹂躙（制圧）してもいい、否、むしろ資本主義国の崩壊こそ、その国民自身の幸福になる、と信じ、行動する。こういう例がつい最近まで、大手を振って主張されたのである。

読書は、世界を誤って理解する原因になる。しかし、誤った世界理解を訂正するのは、正しい読書によらなければならない。社会主義国の崩壊という「現実」

がマルクス主義の主張の誤りを「証明」しても、なぜ誤っていたのかの「理由」は、「事実」を突きつけただけでは見えてこないのである。

つまり、世界を正確に理解するためには、書物を通すのがいちばんいい方法であることは、過去現在を通して変わっていない。

書物には、正しい認識に導くものと、そうでないものがある。一冊の書物にも、一人の著者にも、正しさと誤謬（ごびゅう）とが混在している。その点で、書物にかぎらず、何にしろ鵜呑みにするのは危険である。

しかし、真と偽を見分ける能力も、事実を丹念に見るだけでは身につかない。書物を読み、さまざまな意見を吟味し、自分で考えることを通じて、つけるしかない。これは、料理を味わう、音楽を聴く場合と同じことである。読書力であり、読解力である。

読書力のある人は、話をしてみればわかる。世界が広い。話題も広い。したがって、さまざまなものに反応することができる。

読書力のある人は、ものを考えることを厭わない。そのぶん、考えが柔軟で、深い。洞察力がある。

定年後、本を読まなくなることは、決定的である。知的な世界が丸ごと消失する危険がある、と考えていい。そして、自分の狭い殻に閉じこもって、自分の「趣味」に合わない世界に不満をもち、その世界を呪う程度で終わってしまう。なんてつまらないことだろう。

◆見えない世界を読む

七〇代なかばの長谷川慶太郎さんは、相も変わらず、「現場主義」を標榜している。「理論」なんて役立たない、読んでも時代遅れだ、というようないい方をする場合がある。

この発言を鵜呑みにするととんだ目に遭う。というのも、長谷川さんほど、本好き、理論好きはないからである。その上、歴史好きである。本・理論・歴史（過去）は、全部、読書に関係する。長谷川さんの読書好きは、現場主義と少しも矛盾しないのである。

手に取って実見できる「現場」は、誰にでも同じように見えるだろうか？長谷川さんは、第二次オイルショックのとき、石油は枯渇していない。ましてや産油国から日本への輸送はストップしているのではない。石油も「商品」である。商品の売買は価格で決まる。オイルショックの基本は商品価格高騰の問題である。こういった。これが市場原理（法則）である。

その上で、日本は石油が不可欠だから、高い市場価格でも買う。買わざるをえない。そして、実際、石油タンカーは順次日本に向けて、ゆっくりとはいえ、順調に航路を進んでいる。なぜなら、と「現場」からえた動かぬ証拠を出す。それが、積み荷（石油）にかけた保険であった。積み荷に保険をかけたということは、すでに石油は日本に向けて進行中であるという動かぬ証拠である。しかも、保険金額によって積み荷の量もわかる。この保険契約の事実を確認して、動かぬ証拠としたのである。

石油は枯渇した、日本への石油は断たれた、というのは、品不足を喧伝し、原油価格の高騰をカバーするために、価格高騰をはかる商社のビジネスの常套手段である。これも市場原理ではないか。長谷川さんは、こう喝破したわけだ。

目の前でめまぐるしく世界は動いている。もたらされる情報は膨大な数にのぼる。しかし、その現象の背後で動いている大きな流れを長谷川さんは読む。「原理」を読む、である。

長谷川さんは、組織をもっているわけではない。研究所があるわけでもない。助手というようなスタッフさえいない。徹底して一人である。読書力、読解力に頼らないで、何に頼るというのであろうか？　長谷川さんと凡百の経済評論家の違いは、端的にいえば、読書力にある、と私はいいたい。

そして、当たり前なことだが、読解力は、組織力によってはかれないのである。あたかも、一人の芭蕉に、凡百の俳諧師が束になっても勝てないようにである。

どんな主題でも、自分の頭で考え抜こうとするなら、読書力=読解力をつけるしかないのである。

4 読書が仕事の一部になった

――読書の位置が人生を決める――

かつて、読書が仕事である、あるいは読書が仕事のためにある、というのは、特殊な人々の例外的なケースに属した。読書は、いってみれば、少数派の知的な娯楽に属したのである。

だから、サラリーマンの実用書と目された光文社のカッパ新書とか祥伝社のノンブックスは、れっきとした書店の書籍の棚に並べられなかったのである。「実用書」を読むというのは、読書に、知的活動に数えられなかった。

しかし、現在、私たちは高度知識社会、情報社会のまったただなかに生きている。少年時代、青年、壮年、老年時代のいかんを問わず、読書なしに勉強も仕事もスムーズにこなすことはできなくなっている。

つまり、どんな生き方をするかは、どんな読書生活を送るのかと、密接不可分になっているということなのだ。読書を自分の人生のどの位置に置くかで、その人の人生のあり方が決まるというわけだ。

これは大げさだろうか？

(1) 本を読まなくていい仕事だって？

◆「家事」は読書から

「お袋の味」というものがある。単身赴任の中年族に好かれるらしいが、本当だろうか？

正直いって、私にとって、お袋の味なる料理は料理などと呼べるものではなかった。私たちの祖母や母がつくってくれたものは、およそ味が単調で、調理が単純な食べ物だった。まずい、というより、粗雑だった。

私は札幌の郊外で育ったが、純水田地帯で、八百屋と魚屋兼用の店が一軒あったきり。そこでありあわせのものを買ってきて、おかずをつくる。野菜の煮染めと魚の煮付けがご馳走だった。しかし、両方とも、砂糖と醤油の味付けがほとんどだった。それでも、私の母の料理は他家のよりも数段増しだった（ように憶えている）。

掃除も、およそ粗雑だった。家のなか全体が暗かったから目立たなかったが、どの家もよく見ると薄汚れていた。洗濯、入浴、育児、どれ一つとっても、いまから考えれば、不潔だった。

私は不満をいいたいのではない。まずくても口に入ればヨシ、殺菌が行き届いていなくとも、汚れ目が取れていればヨシ、という時代には、それでよかったと思う。

しかし、現在は、親の体験を受け継ぐだけでは、決定的に不足があるのである。もちろん、親の体験さえ受け継ぐことをしない欠陥人間は論外であるが。

料理や育児をはじめとする家事全般にわたって、先人の経験から学ぶだけでなく、書物で学ばなければ、家事に対応できないのである。特に、夫婦中心の核家族の場合は、両親から直接学ぶことができないのだから、家事と読書は強く結びつかざるをえない。

それで、料理に関していえば、私の観察したかぎりでは、家庭料理のうまい人は、料理法に関する本（クッキングブック）ばかりでなく、食材やその生産と販売、食文化や食生活全般についての情報や資料を丹念に集め、読んでいる。これを読書（リーディング）量に換算すると相当な知的活動になる。

少し単純化して、知的活動の苦手な人、読書の嫌いな人に、よい家庭料理人はいない、といってみたいわけだ。どうです、みなさんの家では。

◆変わらない世界を相手にすることができるか？

家庭が初歩的な労働を教えてくれる場であった時代。かつての農家や自営業のように、家内労働が主体で、子供も立派な労働力であった時代、仕事習得の大きな部分を家庭が担っていた。

位階制（徒弟制）がはっきりあった職場では、親方や先輩が新人を教育した。それればかりではない。工場も会社も、つい最近まで、社内研修や教育で新入社員を教育し、社員も、仕事のなかで仕事を覚えてゆくというスタイルが、一般的だった。

単純労働で、知識も技術もさしていらない仕事には、本から学ぶこと、つまり読書は無縁であった。むしろ、邪魔だったかもしれない。

一つの技術を習得すれば、それをひたすら磨いてゆくだけで、一生の仕事とすることができる世界が、つい最近まで広大な領域を占めていた。そこでは、読書と仕事が結びつくことは稀だった。

そういう仕事はいまでもたくさんある。しかし、目に見えて少なくなってきている。

一つは、低賃金の国外に工場や職場が移されるからである。これは、現在、猛烈な勢いで進行している。

もう一つは、企業でも個人営業でも、「即戦力」を要求しているからである。即戦力とは、「十分に訓練を積んでおり、すぐ戦える」力（『新明解国語辞典』）のこととある。しかし、「すぐ戦える」能力であることはもちろん、これからも戦っていける能力を、「自己訓練できる能力」をもっていなければ、すぐに戦えなくなりかねないのである。

自分で仕事能力を開発してゆくためにどうするか？　最も簡単で効果的なのは、

やはり書物から学ぶこと、読書をすることである。読書によって仕事能力を磨くことである。読書をする習慣のない人は、だから、これからが大変なのである。

(2)本を読まなければできない仕事

◆高速で変化する世界を相手にする

かつて、読書を不可欠とする仕事は少数派だった。しかし、高速で変化する高度知識・技術社会、情報社会ではどうだろうか。

なに、定年後は、いままで自分が磨いてきた知識や技術を使って、賃金は安くとも、ぼちぼちやっていければいいさ、という考えの人が多いかもしれない。いまさら、学校へ行くのも億劫だ。新しい知識や技術に挑戦するなんて、とてもできない。こう考えるのももっともである。ゆっくり、マイペースで、というのが定年後の生き方の基本かもしれない。

しかし、定年後の人間が、特に知的労働にたずさわっていた人たちが、自分がもっている知識や技術をそのままにして、ゆっくり、マイペースでいける仕事をというのは、うんとかぎられてくる。同じ条件なら、低賃金の外国人、あるいは、若い人のほうがいい、ということにならないだろうか？　使いやすい、ということにならないだろうか？

古い経験や知識や技術が、新しい歩みを踏み出す障害になる。これはよく見られる例である。しかし同時に、自分が時間と労力を存分に費やして獲得した、古い経験や知識や技術を生かして、もちろんそのままの形ではなく、改良を加えて、新しい歩みに踏み出すという実例をつくることが、いま一人一人に求められているのではないだろうか？　それが高齢社会で高齢者が仕事になんらかの形でかかわってゆく普通のスタイルになるのではないだろうか？

それに、知識や技術は、どんなに新しいものが現れても、よく見るとほんの一部分にすぎないことが多いのである。その新奇な一部分に気圧されて、自分が培ってきた経験をどぶに棄てるようなことをするのは、それこそが「もったいない」というものである。

なにも、新知識や技術の最先端に立て、というのではない。定年後、そんなことを試みようとしても、無理であるだけでなく、壊れてしまうだけだろう。

高齢社会である。高速で変化する社会だ。老が数も多くなり、社会の重要な部署を占めなければならないといわれる。そのとき、老が、時代の主流に、青や壮に学ぶ習慣を身につけなければ、自らスクラップ化する道を歩むことになる、というのが私の意見である。

◆一人でする仕事

定年後、フリーの立場で、これまで培ってきた経験を生かす仕事を続ける、というのはとてもいい。組織の後ろ盾もなくなる。収入も減る。しかし、定年後にやるべき仕事がある。これこそ望ましい生き方の一つだろう。

その場合、仕事と勉強が、およそ半々くらいになる、と覚悟したほうがいい。勉強の主力は本から学ぶことである。読書力が定年後の仕事力を決定づける度合いは、組織の一員であった時代よりも多くなる、と考えていい理由はある。

特に一人でする仕事の場合、読書の重要さは決定的になる。情報も資料も、新しい技術のノウハウも、自分自身の手足を使って、しかも自費で、主として本や雑誌や新聞からえる他なくなるのである。

ああ、面倒だな、やれそうもないな、とやらない先から尻込みしては、人生のベテランが泣くというものではないだろうか？

ところが、やってみると、これが面白いのである。学校や職場の「勉強」は「強制」が主体である。強制されると、面白くない。こう思うのが人間の自然感情である。ところが、卒業して、もう強制される必要がなくなったとき、学校が、学校の勉強が懐かしく思われないであろうか？　卒業後、あのときもっと勉強すればよかった、という軽い後悔をもつ人が多いのではないだろうか？

フリーになって、自力で、自分の仕事のためにする勉強というものは、これがけっこう面白いのである。

私はかなり長い期間（断続的だが、一五年になるか）、自分よりも年上のご婦人たちに、授業料を取って、さまざまな勉強会をしてきた。直接、仕事に結びつく勉強ではないが、現役の人の仕事に役立つ勉強もある。たとえば小論文の書き方（一年間二〇週）などである。ところが、いやがる風はないのである。

しかし、現役の人の参加はほとんどなかった。リタイヤして、あるいは、夫が定年になって、フリーな時間ができ、勉強したいというのである。この勉強会、主体は、やはり読書であり、読書力の増強である。

それに、仕事で本を読まなければならないだけでなく、仕事で読む本が面白いのである。というのも、頭によく入るからだ。漠然と読まないからだ。仕事で本を読むと、読書自体も面白くなる。これはぜひ体験して欲しいものの一つである。

(3) 読書が仕事だ

◆企画の違いを示すことができるか?

同じ内容のことが書かれていても、面白く読め、頭にすっきり入ってくる本と、そうでない本がある。どこに違いがあるのだろうか。

書くという能力には、多かれ少なかれ、天分が作用する。名文家で知られた清水幾太郎は、ロングセラー『論文の書き方』(岩波新書)で、文章は才能だ、と身も蓋もないことをいったが、本当である。それなら、文章を磨くなどというのはやってもムダである、ということになるのだろうか? そうではない。

情報社会では、誰もが文章を書かなければならない時代になった。実際に書いている。しかし、重要なことが書かれているはずなのに、少しも頭に入ってこず、胸にも訴えない文章がある。たとえば、『ハーバード・ビジネス・レビュー』などという類の雑誌に出ている経営関係の論文である。あるいは、IT技術関係の本である。

特に文法上の誤りがある欠陥文章ではない。頭にも、胸にも訴えないのは、著者自身の読書力が小さいからである。書く力の背景に、読む力の蓄えがないからだ。大げさにいえば、著書の背景に、文字でなにごとかを訴えてきた文化の蓄積が見えないことである。簡単にいってしまえば、いい文章家の文章をよく読んで、学んでいないことである。もっと縮めていえば、読書量が決定的に不足しているのである。本を読まずに本を書くな、これが物書きの鉄則だ。

別に物書きにかぎらない。誰もが企画書を書く時代になった。同一の内容の企画書を、複数の人間に書かせてみよう。同じ内容の企画書なのに、訴える力がまるで違う。その違いはどこからやってくるのだろうか？　ほとんどの場合、読書力の違いである。

日下公人、飯田経夫、日高晋は経済学専攻だが、名文家である。というより、明快で訴求力のある文章を書く。その背景にあるのは、さまざまな分野にわたる読書量である、と私は考える。

読書は仕事のたんなる背景、補助力なのではない。じつは、読書とは仕事の、いい仕事をするための原動力の一つなのである。少し露骨にいえば、読書が仕事の「価格差」を決定する重要な要素だということだ。

企画が通ってはじめて仕事が動き出す。コンペに競り勝って、仕事が獲得できる。企画書も、コンペに提出する書類も、表現力がものをいう。その表現力のいちばん重要な部分を占めるのが、読書力である。こういいたい。

◈定年後の仕事の違いを何に求めるか？

ならば、経験も知識も技術の蓄積もある定年組が、これまで蓄積してきた読書力に磨きをかけ、青年や壮年との競争に対抗することは可能なのではないだろうか？

正確にいえば、定年組は、読書力に磨きをかけなければ、青壮年組に対抗することはもちろんのこと、自分が求める仕事も獲得できないのではないだろうか？

定年後の仕事獲得をめざして、読書力に磨きをかけるためには、組織的な読書をするのが一番である。短期的、中期的、長期的に読むためのリストをつくり、それに沿って、読書を「仕事」の一部に組み込むことが重要である。

たとえば、一日一〇時間仕事をするならば、そのうち四時間を読書に回す、という具合にである。肝心なのは、読書を、仕事が終わったあとの「残余」に位置づけないことである。娯楽の読書ではなく、仕事の読書を、毎日ではなくとも、きちんと設定することからはじめると、定年後の仕事に弾みがつく。何よりも、脳活動が活性化する。

私は注文「仕事」で、池波正太郎の『**真田太平記**』(講談社『完本池波正太郎大成』18〜20)を読んだ。村上元三の『**佐々木小次郎**』(講談社大衆文学館)、『**田沼意次**』(毎日新聞社)を読んだ。その他もろもろを読んだ。臨時の仕事である。しかし、おそらく「仕事」でなければ手にしなかったほどの大作ばかりである。ところが面白かった。私本来の仕事の栄養にもなった。何よりも、読書の領域がぐーんと広がった。それで、知らないうちに、時代小説の「評論家(もどき)」の仲間入りをしていた。時代小説に関する著作を四冊も書くチャンスができた。

体の筋力を鍛えて、定年後も仕事を続ける、というスタイルは、貴重である。でも、定番にはならないのではないだろうか？　読書力を磨いて、情報社会にふさわしい能力を身につけ、知的体力をフル稼働して生きるスタイルを再構築する必要があるのではないだろうか？

もちろん、これまで述べてきたように、知力も体力の一つである。鍛えがいがあるだけでなく、鍛えることによって、活性化し、快適になる。定年後の人生が爽快になる。

5 本はすべてのことを教えてくれる

――学校で学べないこと――

学校は学ぶことが嫌いな人のためにある。学校は、学ぶことを強制する場所である。端的にいえば、学びたくない人を無理にでも学ばすところなのだ。

自分で学べる人は、したがって、学校があまり好きではない。私がそうだった。同じものでも、教科書で習うのと、自分で学ぶものとでは、面白さが違う。もちろん、学校も、自学自習も、ともに好きだという人はいる。立派だ。

学校で学ばなくとも、自力で学ぶ人がいる。そういう人から、自分で学ぶ術を学んでみようではないか。本がすべてのことを教えてくれたという、超一流の知識人からである。

(1)谷沢永一の「人間通」

◆中学三年で「書斎」をもった

日本で一番たくさんの本を読んだ人は誰か、と聞かれたら、私は躊躇なく谷沢永一の名前を挙げることにしている。

本をたくさん読んだから偉いのではない、とはつねづね谷沢先生のいう台詞だから、谷沢先生の名前を挙げたからといって、賞賛してのことではない。驚嘆してのことである。まあ、ビューティフルではなく、ワンダフルというところである。

谷沢先生の読書狂ぶりは、そのすべての著書を読めば一目瞭然である。あえて一冊をといえば『**紙つぶて**』である。その読書歴を自伝風に語ったのが『**雑書放蕩記**』（新潮社　1996）であり、その続編が『Voice!』で連載されている「本はすべてのことを教えてくれた」（二〇〇二年三月号現在　一二回）である。

早熟の読書癖は、必然的に学校の勉強と両立不能になる。この必然を典型的に生きてきたのが谷沢だ。しかも戦争のまっただなか、中学三年の終わり頃、「書斎生活という我が生涯の基本をなすかたちが」できあがったのである。戦災で最初の書斎と書物は消失するが、この恐るべき少年は、戦後すぐに書斎を「再建」し、不屈の自由精神（フライ・デンカー）の砦を築いてゆく。

谷沢の勉強はすべて書物を介してであった。自分の書斎でであった。書斎が大学である。したがって、大学へ行かずに大学を卒業し、大学院生、助手、助教授を経て大学教授になるという離れ業を演じたのは、後にも先にも、谷沢永一だけではないだろうか。

その谷沢が、戦後最初の日本共産主義運動の先鋭部隊の一員であったのだ。ワン・ノブ・ゼムではない。天王寺中学で、たった一人の「学生運動」を敢行して、後に引かなかったのである。大学では文化運動のトップに立つ。すべて、読書かられた言論の力でである。

左翼運動のセクト主義と無知に辟易した谷沢は、すぐに書斎に孤塁を築くことになる。この書斎を訪ねたのが若き日の開高健であった。谷沢の中学の一年後輩に当たった。

谷沢は素封家の生まれではない。むしろ父親は読書にほとんど理解がなかった、といっていいだろう。読書は、谷沢永一一人の好みであり、本を確保するためにエネルギーの大半を使うほどの読書中毒である。

◆「人間通」は読書から

谷沢は、中学に入ってすぐに、学校の勉強とおさらばし、大学受験勉強もせぬまま大学に入って、大学の授業に全く出ずに大学を卒業し、自分の専門（近代文学）をすべて独学でやり抜くという研究スタイルをとってきた。こういうことができたのは、その研究論文がよほど優れていなくては無理なことである。谷沢のような人にこそ、研究バカという言葉がふさわしいような気がする。

ところがである。私は、三五歳のとき出会って、そのことごとくの著作を読みたいと思ったのである。さらには谷沢永一が読んでいる本なら自分も読んでみたいと思ったのである。それを直ちに実践に移したのである。

本しか読んでいない。大学教授しかやっていない。しかも、群れるのが嫌いで、つねに一匹狼然とした生き方をしてきた。まるで没社会的人間の典型、それが谷沢だ。こういう人の本に、読書に惹かれるとはどういうことなのか？　長いことその謎はわからなかった（もっとも、わかろうとしなかった）。とにかく読み続け、学び続けてきたのである。読むのも、学ぶのも、まだまだ半分も来ていないようである。

しかし、すぐにわかるのは、谷沢の学術論文、政治評論、書物随筆、人物論、その他もろもろの書いたものや主張に流れているのは、世界と人間とに対する、尽きることのない好奇心であり、行き届いた理解であり、短くて的確な評価である。もちろん、ときに辛らつな言葉や罵倒まがいのものまである。しかし、人間と社会が好きで好きでたまらない。その人間と社会を知らずにはおかない。そして、その好奇心と理解を、もっともっと多くの人に解き明かしたい。納得させたい。

ああ、人間と社会の実相を知ってもらいたい、これが書物随筆『**紙つぶて**』からはじまり、大ベストセラー『**人間通**』（新潮社　１９９５）に結実する谷沢の営為の根本にある精神エネルギーである。そのエネルギーの出所は、すべて古今東西の書物である。その書物が発する人間を励ます言葉である。

(2) 開高健の「人間らしくやりたいナ」

◆書きたい小説が書けなくなるほどに本を読んだ

「本と人生」ではなく、「本の人生」、それが谷沢の人生路であった。したがって、谷沢には「定年後」の読書はない。

敗戦後、その谷沢の第二の書斎を、週に三度訪れ、風呂敷一杯の本を抱えて帰るのをつねにしたのが、開高健である。

いっぱしの本読み、評論家然の谷沢の自尊心をことごとく砕き、文芸評論の道を歩もうとした谷沢の希望を棄てさせしめた張本人が、乱読家の開高である。話題の中心の文学談で、開高は、谷沢の読書の曖昧、迷妄、誤読を徹底的に暴露し、論駁(ろんばく)したからである。

そして、「もし本というものがなかったら、自殺していただろう」と語った開高が、「飢え」を読書でしのぎながら、作家の道をなかば「断念」したのも、谷沢の書斎を介した膨大な読書の結果である。

読書をしないものは書く力がつかない。しかし、読書をしすぎると、書けなくなるものである。開高は、その二十歳前後の日々に、小説を読みに読んだ。そして、小説を書くことだけをひたすら念じていた。

しかし、自分が書きたいと思う小説は、すでに誰彼によって書かれていた。たとえばサルトルの『**嘔吐**』（人文書院）、リルケの『**マルテの手記**』（岩波文庫）、モーリヤックの『**テレーズ・デスケイルゥ**』（新潮文庫）、オーウェルの『**動物農場**』（角川文庫）。自分にしか書けない小説を書くのだ、という開高の自恃（じじ）は、多読、乱読、精読によって、阻まれたのである。

それでも開高は習作を突き抜けて、『**あかでみあ めらんこりい**』（1951／角川文庫）二〇〇枚を書き上げたのである。二〇歳であった。彼が書きたいと念じていた小説理念に基づく作品である。

それから長い空白があった。開高が文壇に登場する契機となった「パニック」（『新日本文学』1957・8）を書くまで、橋の下の川を大量の水が流れ去った。「パニック」や芥川賞をえることになる「裸の王様」（『**パニック・裸の王様**』新潮文庫）は、一見して、開高がひたすらめざしていた小説理念とは全く正反対の、

「自己表現」を極端に排したもののようであった。

さらに開高の「第二の処女作」といわれる『**夏の闇**』（『新潮』1971・11／新潮文庫）が現れるまでは、まるまる二〇年間が必要であった。江藤淳が評したように、この作品は作家の「ほとんど十全な自己表現」[＊7]になっているのである。自己表現から、ひいては自己の文学理念から可能なかぎり遠ざかる作品を、開高はそれまで書いてきたわけだ。

＊7　江藤淳「完全な自己表現」（『毎日新聞』1971・10・4）

◆文章が「おいしい」

もはや自分の書きたい小説はない。こう思い込むほどに、あまりにたくさんの作品を読んだため、開高は小説が書けなくなる。しかし、開高は書くことはやめなかった。やめることができなかった。読むことをやめなかったし、やめることができなかった。

作家になる前に、コピーライター開高健がいる。

「明るく　楽しく　暮らしたい　そんな　想いが　トリスを　買わせる」（1956）

ルポライターがいる。エッセイストがいる。食を縦横に書く。釣りを書く。もとより、釣りに行く。人生相談もした。あれも書いた。これもした。開高ほど、書く対象が広く、書くために世界中を駆け巡った作家はいないのではないだろうか？　それも魂の震えるような高貴な主題から、「顔」を背けざるをえなくなるようなスカトロジー(scatology［糞便学］)まで。そして、そのいずれも超一流だった。とりわけ文章が光っていた。

開高は、どんな文章を書いても「文学」になった。そして、文章が「おいしい」のである。老壮青少の年代に関係なく、人間を惹きつけるのである。もう少しいえば、日本人だけではなく、人間一般を惹きつけるのである。

こう見てくると、行動派に見えた、実際、世界のはてまで探険もどきも厭わなかった開高ではあったが、すべて書くための「旅」であったように思われる。そして、いついかなるところでも、活字を、読書を手放さなかった。

どんなに読書と遠く離れても、開高の脳中には書物があった。目の前で展開する極彩色の光景に対しても、薄ぼんやりした無明の闇に対しても、言葉だけで立ち向かおうとした。それらをひたすら言葉でつかもうとした。因果だ、と私は思う。でも比類なき技であると思われる。

その開高が、五九歳直前で病魔に倒れた。常人なら、定年直前である。収穫期はこれからという時期であった。

(3) 司馬遼太郎の「人間通」

◆図書館が学校だった

司馬遼太郎は、開高と同じように、日本と世界の各地を巡って、『**街道をゆく**』(朝日新聞社)等の膨大な紀行文を書いた。開高と異なるのは、司馬の歴史紀行文は、現地を目と足で巡る前に、すでにその「原型」が書かれてあることである、と私には思われる。

『**愛蘭土紀行**』(朝日文庫)に典型的に現れているように、アイルランド出身の作家の作品を読んでえた表象を検証するために現地に向かった、という体なのである。いってみれば、アイルランド文学論なのだ。したがって、開高のように現地に添い寝し、体臭まで変わるほどにその空気になじむ、という感じではない。つまりは、一見して、読書紀行である。

司馬は、一五歳から学徒出陣の二〇歳までの間、市立図書館に通い詰め、最後には読む本がなくなった、と自らいわしめるほどの乱読時代をもっている。少年期、谷沢は書庫をもった。開高は谷沢の「書庫」をもった。司馬は、小さな市立図書館をもった。そして、三人ともそこが第一の学校であった。

つまりは、書物が学校であり、読書が「勉強」というより「生きる」と等価であるような少年時代をもったのである。

司馬は、新聞記者から小説家になったが、その第一の「仕事」は、書くことではなく、読むことであった。正確には、そう思わしめるほど、司馬の小説の背後には膨大な、誰もが近づくことのできないような独特の読書＝読解の世界があるように感じられる。

開高の小説は、読書を遮断しなければ書きえない性格のものである。対して、司馬の小説は、読書の山がなければ書くことのできないものである。読むことと書くこととが連続している。そう私には確信できる。

読まなければ書けない。司馬がそういうたちの小説家であった、というと間違う。読まなければ書かない。それが司馬の流儀だったのではないだろうか。

◆人誑し

「人間通」という言葉を流通させたのは、谷沢永一である。しかし、それは司馬の造語である。まだ国語辞典類には登録されていないらしい。

司馬の小説を読み終わると、なんだか自分の背丈が少しだけ伸びたような感じにとらわれる。賢くなった、と感じられるのだ。知識が増えただけでなく、知恵がついた、ということだ。一人前のちゃんとした大人になった、とでもいうべきか。

「人間通」の「人間」とは、「じんかん」のことで、人間関係、つまり、人間個人と人間社会の両方を意味する。したがって、人間通とは、人情に通じているだけでは不足で、社会の有りように精通していなければならない。司馬の小説が、他の小説家と断然異なるのは、人間社会の構造と動態に関する鋭く正確な認識に支えられているところである。

しかし、その社会を、人間関係を動かすのは、人間自身である。特に賢い人間である。賢さにはさまざまな意味があるが、最終的には知恵と愛嬌である。こう司馬はいっている（と思う）。知恵と愛嬌は、深いところで結びついている。人間通である。

司馬の人間通はどこから来たのであろうか？　司馬から手紙や葉書をもらった人たちは、それを宝のように大事にしている。一読して、心がとろけてしまいそうな言葉が連ねられているからだ。他人から見れば、誉め殺しではあるまいか、と思いたくなるような言葉だが、けっしていやらしくはない。つまり、司馬は「人誑し」なのである。

司馬が創造した、斎藤道三も、豊臣秀吉も、そして何よりも、坂本竜馬が「人誑し」である。新聞記者から小説家になり、社会の荒波や組織のなかでもまれ抜いた経験のない司馬が、どうして、人誑しが主人公で、しかも、読む人を誑し込むような人間通の小説を書くことができたのであろうか？　こう思うのは、私だけではあるまい。

司馬を、仕事（物書き）の上で、空前絶後の人間通にしたのは、私には、読書以外に考えられない。それも乱読である。

そして、これは自戒の念とともに注意を促したいのは、この人間通がなければ立派な「大人」になれないが、大人になってしまうと、つまり、老が増すと摩滅してゆくことである。頑迷固陋（がんめいころう）というではないか。オープンマインドでなくなる。読書も偏る。視野狭窄（きょうさく）に陥る。何よりも、固陋や狭窄をよしとする心性になる。こういう厄介な老いの心性をどう回避するのか、これも定年後の重要な生きる課題となると思うが、どうだろう。

三章 ● 読書計画のある人生

1　定年後の人生設計のなかに読書計画をしっかりと組み込もう

——読書を課業とする——

就職以前、読書は心の糧だった。これがなければ心は豊かに育たない。仕事に就くと、読書は仕事の糧であり、潤滑油であった。これがなければいい仕事ができない。仕事が楽しくならない。そして、仕事を辞めたあとには、読書が人生の重要な一部になる。これがなければ人生がない、生きる甲斐がない、ということだ。

極端にいえばこうなる。定年前には、読書は、時間があろうとなかろうと、必死でやらなければならないものであった。定年後には、きちっとタイムテーブル（時間表）に載せなければならないものとなる。「課業」（task）となるということだ。定年前に読書になじみのなかった人は、レッスン（lesson［訓練＝課業］）がはじまる。

もっとも、大げさな読書計画である必要はない。ちょっと参考モデルを示してみよう。

(1)読書の年間計画

◈計画は一年分を最大容量とする

特別の目的でもないかぎり、否、特殊な目的がある場合はなおのこと、「一〇年計画」などというような長期計画を立てないことが重要だ。理由は簡単。「ライフワーク」などといって、これを一生の「仕事」とするという心構えは立派に見える。しかし、そのほとんどはけっして終わりの来ない、したがって、始まりがない仕事が、世にいう「ライフワーク」というものだからだ。

一年分の読書量を決める。最低、一月一冊。

◈まず買う本を決める

読む前に、読もうと思う前に、本を買う。

最初に買うべきは、「仕事」の本だ。定年後、何をするか。それが決まっていれば、買うべき本は自動的に決まる。自分の仕事に役立つ本を、一二冊買う。もちろん、役立たずの本を買ってしまう場合もある。当たりはずれは当然で、おそらく、読むべき本一二冊を手に入れるためには、その何倍もの本を買わなくてはならないだろう。

一二冊、読むべき本が揃うと、ちょっと圧巻である。その他に、読まなくともいい本が二〇〜三〇冊ある。

これでメインが決まる。もちろん、メインは「仕事」でなくともいい。でも、知的な生活のなかに知的な仕事をもちたい、と思う人は、その仕事のために第一に読書をする、がいいのだ。それに、仕事のためにする読書は、頭に入る度合いが違う。漫然とは読めないからだ。

◆作家別年間計画は意外と役立つ

私は、毎年、今年はこの作家を読もう、という計画を立てる。二〇〇二年度は福澤諭吉。ちなみに、二〇〇一年度は高橋亀吉。二〇〇〇年度は三宅雪嶺。

福澤の場合、話は簡単。『**全集**』（岩波書店）を買う。「**時事新報**」から読みはじめる。高橋の場合は、古本がほとんどだから、読むのと本を探すのとが同時進行になる。三宅の場合は、**『同時代史』**（岩波書店）を中心とするが、集めた本を片っ端から読む。

もちろん、いずれ三宅論、高橋論、福澤論を書くための準備でもある。しかし、一人の作家の特定のテーマをとことん読み込んでゆくと、仕事の役に立つだけでなく、知的快楽をえることができる。

一年、一人の作家の作品を一二冊買い、読む。ちょっといいと思わないだろうか。

(2)読書の月間計画

◆主食から食べる

いまや、月一冊のメインがある。まずそれを最初に消化しよう。

全集を買うと読まなくなる。いつでも読むことができる、と思うからだ。主食よりも副食（おかず）のほうがうまい。うまいというより、そちらに目がゆく。

食指が動く。
しかし、ここは一番、読書はメインからゆく。

◆メインを読むと、読みたくなる本が見つかる

いい本かどうかの一つの目安は、その本がどれだけ先行の、あるいは同時期の書き手のきっちりした言説を参考にしているか、にある。いい本は、いい本から学んでいる。メインの本がそこから学んでいる本を、月間計画のリストに必ず入れる。

ただし、いい本の著者は、当然ながら、先行する自分の著作に学んでいる。メインの本を読むと、その本の著者の関連本に手が出る。

これで、最低限、月二冊、役に立つ本を読むことになる。力が入ると、三冊、四冊にすぐなる。

◆話題本を買う

一九七〇年、大阪万博が開かれた。一度だけ行った。予想通り、人間の頭の数

を見、埃を吸い、汗をかいて帰ることになったが、「百聞は一見に如かず」である。ベストセラーをはじめとする話題本、もっと単純にいえば、大型書店に入って、すぐに目に飛び込んできた本を、月に一冊は買うことにしよう。読まなくともいい、とはいわないが、それくらいの気持ちで買おう。

簡単にいってしまえば、時代の「空気」を買うのである。嗅ぐのである。吸うのである。老人にとっては、これだけでも大切だ。

においだけならば、書店で嗅げば、吸えば十分ではないか、というかもしれない。しかし、時代の空気を私有物にできるのだから、ケチってはいけない。

(2)読書の週間計画

◆起きて、読む本が決まっていると心が落ち着く

「今日はどんな本をもって家を出るか?」。これは通勤していた時代の悩みであり、楽しみであった。定年後は、この悩みと楽しみがなくなる。

しかし、目を覚まして、「今日はどんな本を読むか?」という悩みと楽しみが

待っているのである。

メインの本がある。メインの本からえたサブの本がある。それに話題本がある。目が覚めた。爽快な気分で、背筋を伸ばして本を読む。こうやって一日がはじまると、一日が順調にゆく。そう思わないだろうか。

谷沢先生は、一週間に一日しか出講しない。その一日がつらくて、定年を一〇年残して、退職した。どうしてか。講義が嫌いなのではない。一日のはじまりを、読書ではじめることができない日には、自然と起き上がるのが億劫になるからで、講義のない日は、爽快気分で、早朝からぱっちり目覚めるそうだ。これ、私もまったく同じである。

◆最後の一週に読む本を買っておこう

メイン、サブ、話題本。一週間に一冊、というようにゆったりとタイムテーブルを決めたとしても、あと一週残る。フリータイムに残しておくか。それはダメ、否、それがダメなのである。

私は、最後の週に読む本で、あなたの定年後の読書生活の質が決まる、ひいては知的生活の、そのメインとなる知的仕事の内容が決まる、と断言したくなる。つまり、最後の一週は、メインのいっそうのあと押しをするような読書をするわけだ。

論あるところ、必ず、異論、反論がある。その異論、反論をくぐり抜けて、はじめて論が説得力をもつ。血肉になる。

たとえば、構造改革が日本経済の再生の出発だ、という主張に対して、日本経済を破綻させるような構造改革なんて有害無益だ、という主張がある。その二つの対立する主張をぶっつけて、構造改革のもつ意味をきちんと把握する、というような読書をする。一週で解決しなければ、次の月に持ち越してもいいではないか？

(4)ランダム・リーディング

◆読書計画の「骨子」が決まれば、あとはランダムに

読書とは面白いもので、まったく仕事に関係ないような読書でも、仕事に結び

ついてしまうのである。目的なく、時間つぶしのために読んでいる本が、運命を決める一冊になってしまうことがあるのである。

どうしてか。読書が、意識するしないにかかわらず、自分でも触れたり分け入ったりできない心の「内奥」とつながっているからである。心を震わせるような仕事をしたければ、読書をするのがいいのだ。運命を変えたい人は、読書をするのがいいのだ。読書は、心の「渇望」(want［欠乏＝欲望］)を満たす行為なのだ。

だから、どんな本を読んでも心の糧、仕事の潤滑油、人生の糧になるのである。

◆雑読が人間に、人生に色彩を与える

気配のいい人がいる。長くつきあいたいな、という人だ。たとえていえば、堺屋太一や大前研一の本には、気配のよさは見られない。山本七平の本にはある。山本夏彦のにある。その良し悪しの違いはどこにあるか？　読書量、それも雑読量の違いではないだろうか。私にはそう確信できる。

雑読とは、雑書読みのことだ。雑書とは、専門書以外の本のことで、特にジャ

ンルのはっきりしない本のことである。

問題提起がよく、キャッチフレーズがすてきで、叙述も簡潔でわかりやすい。堺屋や大前の本である。しかし、日本の資本主義の精神の発生を、江戸前期の仮名草子作家であった鈴木正三（しょうさん）で説明する七平［＊8］や、「粋」を幸田露伴・文親子で語り、九鬼周造の『「いき」の構造』（岩波文庫）の哲学談義を吹き飛ばす夏彦［＊9］のような芸は、堺屋と大前からは出てこない。「気配」の違いである。雑読量の違いである。

雑読は、特に定年後の知的生活に彩りを与える、と考えて間違いない。雑読なきところ、定年後の読書に色彩なしと覚えて欲しい。

＊8　山本七平『日本資本主義の精神』（光文社カッパビジネス　1979）
＊9　山本夏彦『最後の人』（文藝春秋　1990）

2　定年後に備えて読書体力をつけよう

――定年後、読書力は落ちるのか？――

私は、今年（二〇〇二年三月一三日）還暦である。その日までに、この原稿を仕上げる予定でいる。編集者との約束の締め切りよりも半月以上早いことになる。予定通りいけば、であるが、おそらく予定より早く終わるだろう。

五〇を過ぎて、仕事の量が一気に増えた。それに、仕事が面白くなった。しかし、体力は目立って落ちてきた。目が、肩が、腰が、そして内臓の各所がいっせいに軋みだした。これは仕方ない。

じゃあ、仕事量が減ったか？　読書量が落ちたか？　そんなことはないと思う。

若いときのように、力任せ、無知任せに仕事をしなくなった。少しは、知識力も、仕事力も、読書力も増大したと思える。特に読書力は、目に見えて進化したのではないだろうか？　それに読みたい本がどんどん増えてゆく。秘訣だって？　特別のものはない。

(1)「晴耕雨読」はやってくるのか？

◆悠々自適を夢見たことはなかった

若いとき、人や情報や仕事が集まる「都会」(中心)にいたい、そこで情熱を燃やしたい。これが通常ではなかろうか？　私も強くそう思った。ところが、その望みは叶わなかったのである。

大学に籍があったときは例外として、三三歳で定職をもってから、つねに、中心から遠く離れた過疎地に居住してきた。職場は遠かった。まさに「悠々自適」にふさわしい土地かと思われるだろう。しかし、私自身は、沸騰するような「現場」を痛切に渇望していた。その渇望が、ときに間欠泉のように噴出して、東京は新宿をめざして奔走させることがあった。

職場に仕事はあった。しかし、もっと違う仕事が欲しかった。書く仕事である。

書くためには読まなければならない、というぐらいの知恵はあった。三〇代、雲をつかむような気持ちで本を読んだ（のではなかったろうか）。

(2)「晴耕雨読」は若いときにすすめたい

◆「現在」以上の力をえたいから、読書をする

「晴耕雨読」とは最近では聞かれない言葉である。しかし、定年を迎える年齢の人なら皆知っているだろう。辞書にあるとおり、「〈都会を避けて悠悠自適する読書人の生活の意〉晴れた日は耕作し、雨の日は読書すること」（『新明解国語辞典』）である。リタイヤした読書人の理想の生活とみなされてきた。

しかし、「晴耕雨読」は、退職後の悠々自適の生活スタイルとしてではなく、若いときの、しゃにむに仕事をしているときの知的生活スタイルに適っている、といってみたい。どうしてか？

私は、仕方なく、職場から遠く離れた生活を選ばざるをえなかった。繰り返すことになるが、就職した職場の給与があまりに低く、また、職場の近辺に収入を

えるジョブがなかったから、いままでやってきた非常勤の口をやめるわけにはいかなかったからだ。

読書は、仕事がないとき、したがって雨が降って仕事ができないときにしか、可能ではなかった。だから、仕事の隙間に、通勤中に、寝るのを惜しんでするしかなかった。

「教師」だから読書は必然である、読書をして当然である、と思われる方がいるかもしれない。しかし、教師に読書はつきものではない。必然でも当然でもない。教師一般はもとより、大学教師の読書嫌いには、驚くべきものがあるのだ。

教師――以上のもの（etwas mehr〔独〕）になりたいから、しゃにむに読書をするというのは、ビジネスマンが与えられた仕事――以上のことをする能力をもちたいから、読書をするのと同じである。

◆「通勤大学文庫」

三〇代、最大の「雨読」の場所が通勤電車であった。大阪や東京の通勤地獄のなかで、読書なんて、とんでもない、といわれるかもしれない。私なら、満員電車で通勤する愚は避ける。早朝、家を出る。最寄りの駅まで歩くのがいい。そして、電車のなかでゆったりと本が読める。

私が連載している雑誌を出している出版社で、今度「通勤大学文庫」なるものを出すそうだ。いい企画だと思う。ただし、「文庫」といっても、文庫版にとらわれる必要はない。厚くともいい。活字が大きめならもっといい。若いビジネスマンにターゲットを絞るだけのラインナップにならないように注意したいものだ。

三〇代、少し無理をしてでもつけた読書力が、とりわけ読書の習慣が、定年後に生きてくる。その力がなければ、「晴耕雨読」は、多くの事例が示しているように、「晴惰雨眠」で終わるだろう。

それに、なにも、読書は、通勤電車にかぎらない。三〇代にかぎらない。定年後、電車に乗って、半日くらいゆっくりと読書を楽しむのもいいではないか？昼間の、ローカル線は、じつにのんびりしている。ゆったりしている。それに一章、3で述べた、「旅と読書」の気分も味わえるではないか。なに、たいした読書ができなくとも、十分な気分転換にはなる。

(3)老後、都会に小さな書斎が欲しい

◆もう、過疎地から抜け出すことができないが……

現在の場所に住んで、もうすぐ二〇年になる。「光陰は百代の過客なり」(李白)ではないが、あっという間でもあり、とても長くも感じる。充実した暮らしだったことだけはたしかだ。

最初は一軒だったが、まわりに家もずいぶん増え、道路もよくなった。だが、本当のところ、冬の雪には抗しがたくなっている。

それに、ここにいると、あまりに快適で、外に出なくなる。出ても、すぐに帰ってきたくなる。夏が涼しい。冬は暖かい。春、秋とくっきりと季節がある。おそらく、これからもこの場所よりいい場所を確保して住むことはできないだろう、と私も妻も思っている。

伊賀も「壺中の天地」だった。すばらしかった。しかし、八年いると、やはり飽きてきた。周囲が狭すぎるのである。この馬追の地は、飽かず眺めても、飽き

ることがない。

だからここから居住の中心を移そうとは思わない。しかし、だからこそ、この快適さのなかにだけいるのは惜しくなる。都会を、ときに味わってみたくなる。味あわないと、垢が全部落ちて、無味無臭の人間になってしまうのでは、という杞憂が起こるのである。

定年後、郊外の家を整理して、万事にわたって便利な都会で、夫婦二人のマンション暮らしでもできれば、と思っている人は意外と多いのではないだろうか。私は、都会に居を移そうとは思わないが、拠点は欲しい。

◆都会に小さな「書斎」（スタディ）があれば

しかし、都会で、ただ空気や映画や食事を味わうだけでは、やはり物足りない。定年後では、なおさらである。なぜか？

定年後、都会でも、仕事がしたいからである。定職はなくともいい。励むに足る仕事があればいい。そのためには、少なくとも、最小限度の本がある書斎が欲しい。一週間のうち、二、三日、仕事のある生活ができる空間である。広い必要はない。ゴージャスなんて、どうでもいい。

定年後も、仕事場と住居とを往復できる生活スタイルを確保する人は、賢い。私はそう思う。自分を雇って職場を与えてくれるところがなければ、自分で仕事場をつくればいいのである。

定年後の知的な生活を、と考えている人は、子供から手が離れたら、すぐに都会に第二の書斎（仕事場）をもつ準備をはじめるといいだろう。

なに、わたしは都会住まいだから、そんな心配をする必要はない、という人は、過疎地に、小さくてもいいから週末を過ごす、書斎をもつといい。定職がなければ、いつでもゆったりとした時間を過ごせる場所を求めて、そこにこもればいいではないか。

知的な生活には、知的な仕事には、費用も時間もかかる。その通りである。そして、費用や時間をかけるかけ方も、知的生活の重要な部分なのである。

(4)本がなくとも読書も仕事もできる

◆定年後にはパソコンが似合う

定年後の読書生活で、いちばん厄介なのは、視力の問題である。視力が弱ると、字が読み取りにくくなる。暗いところはまっぴらだ。活字の小さな本は願い下げしたい。長時間目を使うとかすんでくる。特に厚くて、活字が小さく、ぎっしり字が詰まっている事典・辞典類を読むのが億劫になる。視力も体力の一つだから、これは仕方ない。だましだましゆくしかない。なかばあきらめ、読書からどんどん後退する人もいるのではないだろうか？

しかし、ちょっと視点を変えてみたらどうだろうか？　活字は本から、雑誌から、新聞からとはかぎらないではないか。

老人とパソコンを水と油のように考えている人がいる。とんだ誤解ではないだろうか？　パソコンで、①ワープロ、②電子メール、③インターネットを使えれば十分なのだ。①で文章を作成する。②で文章や情報を交信する。③で情報を取る。これが基本だが、たいして難しくない。

しかし、もっと重要で基本的なことがある。①②③でえた文章、情報、メールを読むということだ。つまり、パソコンの働きのいちばんの大本は「読書」なのである。

それに、パソコンの画面は光が一定し、活字は大きく、思っている以上に、読みやすい。

私は、論文はもとより、そうとうに長い文章や情報を読むのはもちろん、事典・辞典の多くをパソコンの画面上で読んでいる。一般に、パソコンは目が疲れるといわれてきた。しかし、書物に比べたら数倍疲れない（ただし、目が乾燥する。適宜目薬を差す必要がある）。

私は最近、サイードの最新刊『**戦争とプロパガンダ**』（みすず書房　２００２・１）を買ったが、インターネットの検索エンジン（goo）で、サイードを引くと、サイトに、な、なんと「翻訳文」が載っていた（著作権は問題ないのかね、と心配してしまうが、便利この上ない）。

私たちが考えている以上に、高速度で、これからネットで、あるいはデジタル版でさまざまな種類の本、雑誌、新聞が読めるようになるのではないだろうか？紙の書物が駆逐されるわけではないが、モニター（画面）上で読書をする機会がどんどん増えることは間違いない。

◆モバイル型のパソコン一台あれば

私は、第二の書斎が欲しいといった。定年後必要になる、といった。しかし、モバイル型のパソコンが一台あれば、読み書き情報収集それに文章の交信が自在にできる。つまり、読書も仕事も十分こなせるのである。じつに軽い。

このパソコンに、たとえば「AIR-EDGE」という通信機能内蔵のCF型カードを装備すれば、PHS（personal handyphone system）がカバーできる範囲なら、いつでも、どこでも、何時間でも、メールもインターネットも自在に使用可能になる。

移動型書斎ができる。読みたい文書は、メールで送ってもらうか、インターネットでえることができる。これはなんとも気持ちのいいものだ。

私はつい最近これを使いだしたが、じつに便利だ。仕事場、書斎、ベッド、電車、旅行先、等々、場所場所でふさわしい読書の仕方はある。しかし、モバイル型のパソコンをもつと、相当程度これらすべての場所でおこなう読書をカバーできる。

出張先や旅行に持ち歩く本は、必要最小限度にとどめ、あとはパソコンから引き出すことができるもので読書は十分、ということになるのではないだろうか？

新聞は、パソコンのほうが速い。別に速さを競う必要はない。要するに、必要な情報を、必要なとき、より簡便な仕方でえて、読書し、仕事に利用し、暇な時間を楽しむことができればいいのである。

なんだ、パソコンの画面で読むなんて、味気ない、と思われるだろう。そうでもないのだ。

旅先の部屋で、パソコンを起動させ、かねて読みたいと思ってきたペーパー（英文の論文）をハードディスクから引き出して、読みはじめるなんて、なかなかいいと思わないだろうか？　時々、気になるところには訳をつけたり、メモをしたりしながら、読んでゆくと、時間を忘れてしまう。

エッ、重さだって？　電源コードを入れても、一キロに満たない。

私は、老人になったら、何につけ、かなりの冒険はしてもいいと思う。知的冒険はなおのこと試みたほうがいい。そのために知的武装する必要があるが、最低限の技術武装することもできなくてはならない。パソコンの利用もその一つである。非常に大きな部分を占める、と私は思う。

3 忙しいから本が読みたくなるのだ

――定年後、「仕事」をしていないと、読書はしたくなくなる――

斎藤秀三郎の『斎藤和英大辞典』(日外アソシエーツ)は、「仕事」に、

work; a task; a job; employment; occupation; business; pursuits

の訳語を対応させた。研究社の『和英中辞典』は、

work; business; labor; a job; 《文》 a task; 〈職〉 employment; 《文》 an occupation; one,s trade; 〈事業〉 an undertaking; 〈任務〉 《文》 a mission; 《文》 one,s duties; 〈天職〉 《文》 a vocation

を対応させている。

三省堂の『新明解国語辞典』では、

「仕事」〔「為事(しごと)」の意〕からだや頭を使って、働く(しなければならない事をする)こと。〔狭義では、その人の職業を指す〕」とある。

定年後とは、しなければならないことが、なくなるのか？　そんなことはない、というのが私の意見である。むしろ、それまでの人生と異なる、できれば主として「頭」を使う仕事をしてみるといい、というのがもう一つの主張である。

新しい、知的な仕事をしようと思ったら、読書なしにはできない。これが事実である。

知的な仕事をはじめたら、読書がしたくなる。仕事が大きくなればなるほど、読書欲は増える。

読書は仕事についてくる。こう思って欲しい。

(1) 試験期間になるとミステリーが読みたくなる

◈「課業」を遠く離れて

高校のとき、定期試験があると、決まって洋画専門の三番館に行った。封切りが終わった映画を上映するのが二番館だったが、それよりもかなり遅く上映される映画館があった。三番館である。

大学のとき、試験が近くなると、しきりとミステリーが読みたくて、困ったものだ。

試験は強制されたものだ。試験期間、少しでも時間をかけて準備をすれば、それだけ成果が上がるのはわかっていた。しかし、ちょっと外れたいのである。寄り道である。迷わない程度の道草である。

私の場合、三五歳まで、読書はしたが、どこか寄り道、道草という感があった。学業・研究の延長としての読書があった。課業と同じである。まったく娯楽としての読書があった。かつての映画やミステリーと同じである。

私の学業や研究を、ビジネスと置き換えてもいいだろう。一方にビジネスがあり、一方に読書がある。それが交差せず、融合しないと、読書はいつの間にか立ち消えてゆく。

◈定年後、ミステリーを読みたくなると、とてもいい

若いとき、ミステリーくらいは読んだ、という人は少なくないだろう。面白い。

「事件」の謎に引き込まれて、本を離したくなくなる。問題は、ミステリーはどれも厚いから、手が出にくいことで、触手を伸ばすきっかけがありさえすればよかった。

一〇年くらい前の大学生はよく赤川次郎のミステリーを読んでいた。正確には、赤川とその他少しを読んだ、というのがほとんどであったが。こちらは、一晩で読めた。読みやすい。

しかし、定年後、仕事のあるなしにかかわらず、ミステリーを読む人は、考えられている以上より、ずーっと少ないのではないだろうか？　私にはそう思われる。

正直にいえば、まだ定年ではないが、このところ私が読まなくなった。厚い。活字が詰まっている。あまりいわれないことだが、単行本は造本が立派すぎて重く、文庫本は活字が小さすぎる。

それでも、ミステリーは、謎解きの面白さだけではなく、精神が知的で洒落ていなければならないから、定年後の知的トレーニングには最適なのである。

定年後、充実した仕事や生活があると、月に一冊は長編のミステリーを読みたくなる。過熱したエンジンを冷やすのに、ミステリーを読むのが最適ではあるまいか。あるいは、逆にいうと、いつまでも過熱に達するエンジンを保持するには、適宜にミステリーを読むことが不可欠になるのではないだろうか？　私はそう判断している。

それに、ミステリーは宝の山で、旧作、新作に事欠かないのである。海外、国内に、ベテラン新人を問わず、秀作がどんどん出てくる。

どうだろう、ミステリーを読みたくなるような定年後の生き方を選んでみては。

(2)電車が最適の読書室である理由

◆家族や家事という読書の「敵」

家事育児は仕事の敵である。家事育児と仕事読書は、あれか・これかの関係なのだ。

こういうと、男女平等社会で、なんと逆行したことをいうのだ。家事育児をきちんと処理できないのに、つまりは家政を上手に取り仕切れないで、いい仕事ができるわけがないじゃないか、と反撃されるだろう。

しかし、家事育児は仕事の、ひいては読書の敵であることには違いない。もちろん、家事育児は、絶対不可欠に大事な両親の課業であって、これを手抜きすると、とんでもない結果になる。

それでも、家事育児に「現を抜かしている」と、やるべき仕事がおろそかになる。ましてや読書はできない（ここでは、じゃあどうしたらいいのか、は不問に付す）。

職場で仕事をしながら読書はできない。家庭で家事と育児に精出しながら、読書はできない。家庭と職場をつなぐなかで、唯一読書が可能なのは、通勤電車のなかだけである。

三〇代、早朝、今日、読むことのできる本をバッグに入れて、ちょっと興奮気味に家を出ることがよくあった。電車で通勤していたからだ。

定年後も、可能なかぎり、一週に一日でも二日でもいいから、「通勤」形態を保ちたいものだ。エッ、わずか一、二時間の電車のなかの読書のために、通勤を続けるのか？　といってはいけません。電車のなかの一、二時間の読書が、決定的なのである。

人間、移動すると、居場所を変えると、それだけでストレスが減るのである。ストレスをいかに減らすか、は知的生活を送ろうとする人にとっては、ことのほか重要なことである。それに、通勤は足腰のトレーニングに最適である。

こんな話を知っているだろうか。

一九五〇年代、映画の黄金期だった。とりわけ東映の時代劇の絶頂期だった。その項点にいたのが、二人の大御所、片岡千恵蔵と市川右太衛門である。千恵蔵は麻雀が好きで、時間があると仲間と牌を囲んで、座りっぱなしで長時間に及ぶことがつねだった。これに対して、右太衛門はゴルフマニアで、暇があればコースに出ていた。晩年、千恵蔵は足腰が弱って、八〇歳近くまで生きたが、歩行困難となった。対して、右太衛門は、千恵蔵より長生きし、最晩年まで足腰がしっかりしていた。

まあ、定年後の通勤は、右太衛門のゴルフ程度の効果は見込めるだろう。

◆こまぎれの読書のすすめ

「まとまった時間がとれないから、読書ができない」という人は、読書の効用と快楽を味わったことのない人の弁である。こう、断言してもいい。

たっぷり時間をとって、ゆったりとした読書を楽しむ。これは至上の快楽の一つだが、ぞんがい時間が有り余ると、読書はできにくいのである。

定年後、時間がたっぷりあるのに、読書に精を出すことができない理由は、時間が有り余るからだ、ということは知っておいていい。必ずしも「いま・ここで」読まなくともいい、いつでも読む時間をとることができる、と先延ばしして、結局、読まず、ということになるのだ。これは、読書の場合にかぎらない。制限、期限があるから、私たちは何かに「促されて」事を起こしたり、なにごとかをなすのである。

電車の扉が開く。しおりが挟まったページが開かれる。降車駅が近くなると、おのずと本の文字から目が離れて、しおりを挟んで、本が閉じられる。スポーツ新聞や週刊誌ばかりでなく、この断片的な電車上での時間が、読書にいいのである。始まりと終わりがきっちりしている。

そんなこまぎれの読書では、断片的な知識しか身につかないし、本の香りを味わうなどという雰囲気から遠いではないか？　と反論されるかもしれない。その通り、ともいえるし、いやいやそうではない、ともいえる。

一冊の本からえることができる、そして実際にえている知識は、それほど多くないのである。一冊の本をなめ回し、しゃぶり尽くす、という場合も、実際は、部分部分を、細部細部を、丹念に読んでいる（にすぎない）のである。一気呵成に通読しているのではない、ということだ。

こまぎれであろうが、面白い本は面白い。こまぎれで読んでこそ、エキサイティングな本はある。そういえば、一冊の週刊誌、始めから終わりまで読まないだろう。読みたい箇所だけ、目に留まった部分だけを読むだろう。一冊の本にも、それと同じような態度で当たってみたら、読書の味わいもまた違ってくるのではないだろうか。

もちろん、「馬上、厠上（しじょう）、枕上（ちんじょう）」の「三上」（欧陽修）である。思案するのにもっとも適した「三上」を現代的にいえば、電車、トイレ、ベッドである。思うに、ベスト読書の空間である。

(3)ああ、本を読みながら眠ることができる幸せ

◆山本七平の本は、なぜか眠たくなる

年齢が進むにつれて、うまく眠りにつけなくなる。特に理由がないのに、ぐっすり寝ることが難しくなる。熟睡するのにも、エネルギーがいるということがわかるようになる。

若いときは、眠れないのなら、もったいない。仕事をしよう。本を読もう。何かをしよう。こういうことになった。年をとったら、そんなわけにはいかない。寝不足で、次の日ぐったりとなる。

眠りにつけないとき、酒を飲む。しかし、やはりこれは飲みすぎを併発する。肝臓を痛める。薬もあるが、酒よりもっとまずいのではないか。薬は、緊急避難の場合だけだろう。

いちばん効果があって、簡便なのは、やはり読書である。ただし、若いときのように、思わず引き込まれてしまうような本では、ますます寝にくくなる。ここ

が難しい。

「眠たくなる本」があれば、と思う。しかし、私の不勉強なのか、眠たくなる本は、まだ読んだことがない。そうか、眠たくなる本を、買うことはできるが、読むことはできないか！

眠たくなる本も、知的生活にとって、特に精神安定にとって、必要不可欠である。山本七平の書いたものは、どれも独特の切り口と、意想外な、しかしいわれてしまえば、そうか、と膝をたたいて納得してしまうほど明快な「結論」をもっている。

ところが、七平の本を読むと、決まって、眠たくなるのである。机上であれ、トイレであれ、電車のなかであれ、決まって本を見つめる目が朦朧となる。どうしてなのか、うまく説明がつかない。谷沢、長谷川、渡部、曽野の本は、手に取ると、いつの間にか読んでしまっている。そして、目がさえる。眠気が取れる。精神の生理がシンクロするからであろう、と私推している。

定年後、読んで脳を活性化させる本ばかりでなく、「読んで」（正確には、読みだすと）脳の活動を軽く麻痺させるような働きをする本を、つねに選りすぐって手元に置いておく必要がある。

よく、難しい本を読むと眠たくなる、という人がいる。その通りだが、それでは困るのである。難しい本を読めなくなるではないか。

「子守歌」がある。子供を寝かしつけるのに唱う歌である。どれも静かで優しい詞とメロディーである。おそらく、私が読むたびに眠たくなる双璧である山本七平と柳田国男の本は、子守歌の性格と似ているのかもしれない。

◆寝そべりながら読む本はエレガントでなくては

しかし、私は七平や柳田の本を、いまだ眠り薬代わりに読んではいない。眠いながらも、目をこすりながら、苦労して読んでいる。読む必要があるからだ。読まずにすますわけにいかない本だからだ。

若いときは、どこでも眠ることができた。最終電車に乗り遅れ、ホテルに泊まるだけの余裕もなかった三〇代、終電の午後一〇時四〇分から、始発の午前五時少し前まで、よく駅ビルの外壁の風よけになるような窪みを見つけて、立って寝ていた。まわりは薄暗かったが、目を凝らすと、同じように壁の窪みで立って寝ている人を見いだすことができた。新聞紙でも敷いて、横になることは可能だったが、そうすると、ホームレスと同じ精神的境位に落ち込んでしまうのでは、という恐怖感があった。

眠るために読む本と、寝そべりながら読む本とは違う。よくよく考えてみると、年を増すにしたがって、寝そべって本を読むということが少なくなった。本はきちんと机を前に、椅子に座って、精神をまっすぐにして読む、というのがほとんどになった。しかしながら、たまにだが、寝そべりながら読んで、眠ってしまう、という本はある。

文庫本ではない。ビジネス本でもない。人によってそれぞれ違うだろうが、エッセイ集がある。最近では、**『司馬遼太郎が考えたこと1』**（新潮社）を寝そべって読んでいて、つい眠りについてしまった。なかなか瀟洒（しょうしゃ）な本である。

寝そべって読む本は、若いときのように、寝そべってでも読める本ではなく、寝そべってこそ読みたい本に変わってきた。「半読半睡」で読める本である（最近よくいわれているような「癒し本」の類なのだろうか、とも思う。もっとも、私はそういう類の本は読まないが）。

激しい活動をして疲れたとき、その疲れを取るためには、何もしないではなく、軽く身体をほぐす程度に動かすのがいい、といわれる。知的活動も、そして、読書も同じである。

活字を追ってゆくと、すーっと活字が消えてゆくが、完全に消えるのではなく、活字が精神を柔らかく包んでいるような状態になる。あるいは、活字が点状になってしまうが、何かの拍子に活性化し、立ち上がる気配が感じられるような状態である。

イメージでいえば、夢のなかで眠っている状態である。なかなかにいい。年をとると、こんな状態に出会うことができるのである。まんざらでもないだろう。こういう本をつねに身体近辺に置きたいものだ。

そういえば、ぴったりのがあった。和田誠『**お楽しみはこれからだ**』（文藝春秋）である。映画の名セリフをネタに映画を語り、和田の上品なイラストがつく、とびっきりの本である。一九七五年パート1が出て、一九九七年パート7で終わった。造本も含めて、エレガントである。それに、映画好きだった人にはたまらないだろう。

4　硬い本を読む効用

――本とは、本来、硬いものである――

難解な本に出会うと、自分の頭の程度が低いからだ、と思ったことがないだろうか？

カント、ヘーゲル、マルクス、吉本隆明、廣松渉、かつて私が読まされた、あるいは読んだ本のなかには、難解きわまりない本があった。しかし、本とは総じて難解なものではなかったろうか？

読んでわからないのは、読み方が浅いからだ。眼光紙背に徹せよ。おまえの頭が悪いからだ。勉強が足りないからだ。こういうだけでなく、難解でないと、読んですぐに飲み込めてしまうような本だと、ありがたくない、読むに価しない、とまでいわれたのである。

しかし、風向きが一気に変わった感がある。難解さは、書く人間がよくわかっていないところからくる。あるいは、読む人にわかってもらおうという努力が足らないところからくるのだ。つまりは、独善である、というわけだ。そして、難解をありがたがるのは、空理空論をありがたがるのと同じである。まさに、マルクスの理論の難解さは、無理無体を独善で通そうとする空理空論の典型である、ということになった。

本当に、難解さを誇る本が少なくなった。いいことだ。しかし、どんなに平易に述べようとしても、一定の知的水準や知的能力を前提とする本はある。専門書は皆そうだ。専門用語（ターム）や概念（コンセプト）を知らなければ、とうてい理解できない分野の本はたくさんある。

しかし、専門書でなくとも、単純には割りきれないもの、歴史事情のため「常識」が通らないもの、複雑な国際条件があるため、一筋縄ではいかないもの等、けっして平易だけでは読みきれない読書はあるのだ。

(1)箱根の山下りは、最後の平坦コースで勝負が決まる

◆ブレーキをかけてはいけない

日本で生まれた駅伝が面白い。箱根駅伝がずば抜けている。そのうちでも、二〇〇二年の正月二～三日におこなわれたレースは、見応えがあった。ひさしぶりに、早稲田大学が復活してきたからだ。

箱根駅伝でもっともスリリングなのは、花のエースが競う最長区間の二区ではない。もっとも苦しいかに見える箱根の山登りでもない。山下りである。標高八〇〇メーターから一気に駆け下りてくるこの区間のポイントはいくつかあるが、一つは、下り方である。

車に乗ると、下りが難しい。下りは走行自体が不安定になる。加速して落ちてゆく車をブレーキで安定させようとするからである。低速ギアーで下りるのなら、あまり問題は出ないだろう。しかし、エネルギーと時間のロスである。ブレーキを踏みすぎると、危険である。ブレーキが馬鹿になり、利かなくなる。

人間のレースの場合、速く走る、が目的だ。そのためには、ブレーキをかけてはいけない。しかし、急坂を転げるように下るのだから、ブレーキなしには不可能である。しかも、おのずとブレーキがかかってしまう。

ブレーキがかかると、減速するだけではない。ブレーキをかけるためのエネルギーロスと、先に進もうとする体を後ろに引き戻そうとするのだから、体に、特に体のバネをつかさどる部分に大きな負荷がかかる。

ここでブレーキがかかった選手は、エネルギーロスも引き起こして、減速とスタミナ切れを引き起こしてしまい、惨憺たる結果を招く。

定年後の生活は、山坂にたとえれば、下り坂一本道である。だから、普通の生活でも、知的生活でも大切なのは、ブレーキがかからない工夫をすることである。定年以前の生活と同じ速度を保つような工夫をすることである。これは知的生活、読書にも当てはまる。

昨日までは毎日七時に出勤していた。今日からは、いつ起床してもいい、というのでは、まったく感心しない。ブレーキをかけると、逆にエネルギーロスを引き起こす、と思って欲しい。

◆最後の平坦部分で勝負が決まる

箱根の山下りは、下り一方ではない。最初少し登りがある。最後に数キロあまり平坦コースになる。

急坂を一気に下りてきて、平坦コースにとりつくと、どういうことになるか？上り坂に感じられるのである。しかも、体全体はブレーキ状態になっている。ブレーキをかけすぎても、ほとんどかけなくとも、スタミナロスが長く続いて、スタミナ切れ状態に近づいている。

スタミナ切れになった選手は、平坦コースであるにもかかわらず、急坂を這うように登る感じになり、速度がぱたっと落ちる。いってみれば、それまでは時速二〇～二五キロで走っていた自転車が、上り坂で一気に一〇キロに落ちる、というう具合である。一キロ三分で走っていた人が、六分かかるわけだ。平坦コース五キロ走る間に、あっという間に一五分も差がつく勘定になる。こういう極端なことは稀だが、それに近い例が起こる。

私は、人生を山坂にたとえたら、若いときはどんどん登っていって、可能なかぎり高いところにとりつく。そこからブレーキをあまりかけずに下りてくる。そうすると、エネルギーの総量が大きく、かなりの年までハイペースを保ってゆくことができる。こう考えている。

これは箱根の山下りほど難しくない、というのが私の考えだ。というのも、平坦部をつくらないように、ペースを下げずに緩傾斜で下りてくればいいからだ。高いところにとりつけば、惰性力も比例して大きいだろう。

ところが、定年になって、さあがんばろうと新奇のことに挑戦すると、スタミナ温存をせずに平坦部を走る箱根の山下りと同じ状態になるのである。これはキツイ。これでは続かない。

ハードな読書とは、可能なかぎり高い山に登ることにたとえてもいい。知力の集中と持続は不可欠だ。しかし、山下りにも、ハードな読書は持続したい。スタミナロスと、スタミナ切れを招かないためにである。

(2) 福澤諭吉の「社説」を読む

◆福澤を読む、現在を読む

ハードな本とは、一読、すらすらとわかるような本ではない。噛み砕かなければ飲み込めない。しかし、読みにくい本だが、訳のわからない本ではない。

読みにくいといえば、明治時代の本は、もうそれだけで難しい。夏目漱石でさえ、現代語訳が必要な時代になっている。なんだ、原文で読まなくて、どうして小説の微妙な面白さがわかるのか、というなかれ。じゃあ、『源氏物語』を原文だけで読んで、十分味わうことができるか、と反問してみるといい。

しかし、私は少々無理してでも、福澤諭吉ていどは、原文で読んで、その論知・情・理のほどを学んで欲しいと思う。すらすらと、何の抵抗もなく頭に入ってくる言説ばかりを相手にしていると、ＴＶのワイドショーていどの思考力しか育たない、とみて間違いないのである。

読書力の中心は、文章力（書き・読む力）であり、さらにいえば、言葉の力である。言葉で事柄を説明し、人を動かし、なにごとかをなさしめる力である。

福澤諭吉の『**学問のすゝめ**』（岩波書店）も『**福翁自伝**』（岩波文庫）も、言葉の力が抜きん出て大きいことがわかる。福澤の本は、全部、専門書ではない。しかし、専門家が読んでも、非専門家が読んでも、よくわかる論の組み立てと言葉の使い方でできあがっている。

こういってよければ、福澤は、まだ現実の形では存在しないが、きっと存在することになるであろう日本人に向かって書いているのである。その日本人は、現在の私たちにとても近い。

まさに、温故知新である。しかし、間違ってならないのは、福澤の新しさとは、明治維新後が抱え込んでいた新しさである、ということだ。ということは、明治維新から現在の私たちにつながっている新しさである。

定年後、福澤の著作を読むことをすすめるのは、私も含めて、現在日本と日本人が取り巻かれている国際環境のなかで、私たちがどう生き、どう考えるかを福澤に問いただす、ということに直結しているからである。

◆『時事新報』の社説を読む

『時事新報』は福澤が独力で出した新聞で、明治一五年三月一日の創刊号からその明治三四年二月三日の死まで、社説（無署名）等を書き続けた。福澤の主著はいくつもあるが、しかし、単行本になっていないこの『**時事新報**』掲載の短文の集まり（全集で九巻分［＊10］）こそ、福澤の論と文の力がもっとも如実に出ているといっていい。いま短文といったが、「社説」「漫言」、その他論説等は、ほとんどが時局論である。

なぜいま福澤の時局論なのか。二〇〇一年九月一一日のテロ以来、米軍等によるアフガン攻撃がある。デフレと不況下で日本経済は呻吟している。小泉政権の「人気」が急降下し、構造改革の歩みが頓挫しそうな状況下にある。耳や目から入ってくる情報も山ほどある。読まなければならない資料や著書も、どんどん出ている。そんなとき、一〇〇年前の古証文のような時局論を読んで、なんの効用ありや、という疑問がわくかもしれない。

おそらく、現在の日韓、日中、日台、日ロ等、日本近隣諸国との関係をきちっと押さえようと思ったら、福澤の時局論をたどるのが、もっともいい、というのが私の意見だ。近隣諸国とどのようにつきあったらいいのか、は福澤の時局論を読むとくっきり見えてくる。

時局論といっても、現在の私たちが読みきるのはなかなか厄介である。ハードである。言葉の障壁があるのはいうまでもない。それに、当時の政治を取り巻く歴史事情が具体的にわからないと、論の主旨がなかなか頭に入ってこない。歴史知識やジャーナリズムの状況もある程度わきまえなければわからない事項がたくさんある。

しかし、この「ハード」さこそが、読書にとっては、いいのである。もちろん、政治史の専門家として読むのなら別だが、小さな部分にこだわらずに、大枠だけをたどるだけでも、非常にいい知的訓練になる。そう思ってどんどん読み進むと、福澤の言葉とその言葉が出てくる背景やリズムに慣れて、かなりすいすいと読むことができるようになる。

言葉の壁や特殊な歴史事情が、後景に退いてくると、つぎつぎに出てくる時局の変化に、福澤がどう立ち向かったのか、どのような解法を見いだしたのか、がおのずとわかってくる。

福澤の書いたものを読むことができるようになると、明治の物書きのものはほとんどぜんぶ読むことができるようになる。漱石や鷗外なんてちょろい、と感じるようになる。もし、少しずつでいいから、二年間ほどがんばって福澤の『**時事**

新報』を読み進んでゆけば、明治維新以来の文献が読書の対象になるのだ。もうこれだけで、心わくわくとならないであろうか？

＊10 『福澤諭吉全集』（岩波書店　全二一巻＋別巻）の第八巻から第一六巻まで。別巻に「拾遺」がある。

(3)外国語を読んで、日本語を磨こう

◆外国語を読む効用

グローバル・スタンダードの時代である。ドルと英語が世界基準である。英語ができなければ、ビジネスでも、学術でも、情報収集でも、大きなマイナス要因になる。たしかに、その通りである。

私は、英語とドイツ語はどうやら読み取ることはできるが、話すことはできない。もし、私が英語を自在に操って授業をすることができたなら、どんなに私の世界も、私の研究教育活動も、広がったことだろう。東南アジアかアメリカの大

学の教壇に立って、日本思想史の授業ができたに違いない。まだ可能性は残っているが、今のところ、それも夢想の類である。

しかし、私が、英独を主体に学んできた西欧語のためのトレーニングは、けっしてムダではなかったと思っている。こういう理由からだ。

一、もちろん、英語やドイツ語の文献や資料をたどたどしくとも読むことができた。

二、語学の力は、ひとり外国語を読むときばかりでなく、邦訳文献を読む場合にも、大いに役立つ。特に、キーワード（key word）の原語がわかる。たとえば、「範疇」というと、とても難しそうだが、カテゴリー（category）である。柔道の試合で、超一〇〇キロとか、六八キロ以下という「区分」（仕切）がある。それがカテゴリーである。

三、純然たる日本人の書いた純然たる日本語を読む場合も、その書き手の背後にあるのは多く西欧文化と西欧文献である。西欧語である。西欧語の連接がなければ、うまく理解することはできない。

これとは逆に、英語をぺらぺらしゃべることができても、英語の文献や資料を読む力がなければ、英文はもとより、邦訳文も、そして、日本文もきっちりと読み取ることができないのである。もちろん、ビジネスや情報収集はもちろん、英語の授業などとても無理ということになるだろう。

◈外国語が上達すると、日本語が上達する

よく知られていることだが、英語の学力、もっと単純に、大学受験の英語の点が、ほとんど偏差値と平行するのである。学力のいかんは、英語の力で決まる、ということだ。この場合、英語の力とは、主として、読解力である。それに作文力が付け加わる。

どうしてこうなるのか。私たち日本人は、英語を読みながら、それを文法的に分解し、日本語化して読むからである。英語を学びながら、日本語を学んでいるのである。

私の日本語はずいぶん怪しい。あるとき、名古屋の一小学生（を名乗る人）から葉書をもらい、句読点がなっていない、もう一度小学校の国語教科書で学び直したらいいのでは、というお叱りを受けたことがある。

私は、可能なかぎりわかりやすい文章をめざしている。言葉のブロックを明確に区切った文章を書きたい、と思っている。西洋語は、日本語と比較して、言葉のブロックがきわめてはっきりしている。そのブロックをきちっとつかむと、簡明に文が理解できるようになっている。ブロックをはっきりと際立たすことができるような日本文を書こうとすると、句読点が多くなる。

それはともかく、英語さえもきちんと学ぶことをしなかった人の日本語は、トレーニング不足で、しゃきっとしないのである。英文和訳がまずまずできるようになると、ということは英語の読解力がつくと、少しはまともな日本語を書くことができるようになる。この意味でいえば、大学受験のための英語の勉強は、日本語力を維持し、高めるのにきわめて大きな役割を果たしてきた、といえるのではないだろうか？

定年後、読書力、読解力をつけて、きちっとした日本語を書こうと思えば、英語を読む訓練をやめてはいけない。もっとも、まったく英語を教わったことのない人、習ったが、まったく身につかなかった人に、英語のトレーニングをはじめなさい、などとはいわない。

グローバル・スタンダードの時代、英語の読解力を高めるトレーニングを続け、すてきな日本語を書こうではないか。

(4)『論語』を開く快楽

西欧文、特に英文の読書だけをいって、漢文の読書をいわないのは、片手落ちだろう。

『**論語**』は儒学の祖、孔子の言行録である。キリストの言行録である『**新約聖書**』によく似ている。

漢文を読むのは、漢文を理解し、楽しむということもあるが、主として、日本語力をつけるためである、と考えて欲しい。

『**論語**』は、行政官を含めた教養人、すなわち読書＝知識人を育てるために一生を費やした孔子の教えが凝縮されている。これだけでも、定年後にめざす知的生活者の目的に適(あ)った書物ではないだろうか。

それに、『**論語**』というと、儒教、儒学であり、封建道徳や皇国史観の基本になった、忠、孝、礼、仁、義等を説く、説教癖の強いものである、というイメージがあるのではないだろうか？　そうではない。

孔子は、人間の自然感情にもとづいた理法を解く。だから、いうことに無理がない。もし、書き下ろし文・邦訳・解説が説教調になっているのなら、それは孔子の言を裏切っているのだと思って欲しい。

論語を開くと、学ぶことの楽しさが、ガンガン伝わってくる。だから、漢文（白文）を読み、書き下ろし文を読み、邦訳を読み、解説を読んでゆくと、自然と、学問の大事さ、それを研鑽することの幸せが伝わってくる。

もちろん、『**論語**』を原文のままで読むのは、とてもできない。手引き書がいる。『**論語**』を読むのなら、谷沢先生推奨の宮崎市定『**論語の新研究**』（岩波書店１９７４［＊11］）を、私もすすめたい。

409　子曰。吾嘗終日不食。終夜不寢。以思無益。不如学也。

訓（読）　子曰く、吾れ嘗て終日食らわず、終夜寝ねずして、以て思うも益なし。学ぶに如かざるなり。

新（訳）子曰く、私の若いとき、一日中食うことを忘れ、一晩中寝ることをやめて、思索に耽ったが、結局得るところがなかった。そして実事のなかに学問があることがわかった。

普通なら、最後のところは、文字通りに、「学ぶに勝るものなし」ぐらいになるだろう。それでは、「思索する」ことと「学ぶ」ことがまったく対立するということになる。「実事」から学ぶ、これが孔子の教えだが、福澤諭吉の「実学」と同じである。**『学問のすゝめ』**の「学問」である。

『論語の新研究』を読むと、孔子の言行の、そこにちりばめられた文章や語句等、**『論語』**の内容のすばらしさがわかる。その上、日本人の手になる論語研究のすばらしさ、が如実に感得される。さらにいいのは、宮崎博士の日本語がいい。八〇代まで現役だった宮崎は、いつまでも、若々しい、明快な文章を書いた。

定年後だから、古典を読め、というのではない。**『論語』**は「いまなお」、というよりは、「いまこそ」、日本人が開いて、手でなぞって、精神をまっすぐ立てて学んでゆくべき本である。なぜかは、一言、「読めばわかる」といっておこう。

＊11　宮崎市定『現代語訳 論語』（岩波現代文庫　2000）は、『論語の新研究』の「訳解編」によって編纂したものである。

5 読書室のためのリフォームを第一に

――定年後、子供たちと同居するなんて――

定年後、新しい生活がはじまる。たいがいは、夫婦二人だけの生活である。

さみしい、という人がいる。もったいない、と思う。ようやくこれから、自分が生きてきた人生の「総仕上げ」の時代に入るというのに、である。

それも、子供たちのための生活ではない。自分たち二人のための生活である。もっぱら生活費をえるための生活ではない。「やりたいこと」に思う存分浸ることのできる生活である。すばらしいではないか。

だから、子供たちや孫たちと同居する生活をしたい、などと考える人の気が知れない。

新しい人生の生活設計、それも読書のある知的生活の設計には、それにふさわしい「居住」設計が必要になる。そんなに難しいことはない。

(1)子供のいなくなった生活

日本では（も）、子供中心の生活が普通になった。歓迎すべきことではないか。子供を独り立ちさせるのは親の責務である。万事に費用と労力と時間が子供たちにかかる。概算すると、大学卒業まで一人の子供を育てると、約三〇〇〇万円かかるそうだ。すごい。私の家には三人の子がいる。大学に入ってからは、三人とも家から離れた。総計一億円程度要したことになるだろう。すごい!!

実際、子供には個室がある。なのに、夫婦には寝るだけの部屋しかない。これが普通の家庭だろう。現状を考えるに、仕方のないことかもしれない。

しかし、五〇代のなかばも迎えると、子供が家から去ってゆく。パラサイトシングルという新種のすねかじりの同居人が増えているが、そんなものは早急に家から追い出すにかぎる。親が子離れしなくて、なんの「知的生き方」だ、というべきだろう。

子供たちが去っても、いつまでも、子供の部屋を残しておき、二、三年もすると物置同然になっていないであろうか？

ダイニングキッチンには、親子五人用のテーブルや棚や食器類が、大きく部屋を占拠していないであろうか？　大は小を兼ねる、って？　しかし、生活空間は、あくまでも夫婦二人本位にすべきである。

特に新しく買い換えて、全体をスモールサイズにする必要はない。二人の生活に直接必要でないものを片づけることだ。移動するだけで溜めるのはよして、なるべく破棄するのがいい（というが、私のところも夫婦二人になったが、まだ全然できていない。残念（？）ながら、ものを移動し溜める場所がまだあるからだ）。

(2)夫婦別の読書空間をもつ

定年後、知的生き方を望むならば、まず第一に、読書空間を、正確には、仕事場を確保すべきである。それも、夫婦別々の仕事場である。

私の大学の先輩で、定年後、夫婦そろってものを書いている中村嘉人・久子夫妻は、別々の「仕事場＝書斎」をもっている。嘉人さんは、街中にも仕事場をもっている。羨ましいかぎりだが、心がけがよい、ということだろう。増築したのではない。かつて、子供たちが占拠していた空間を、リフォームしたのである。

それに対して、同じ三人の子供がいて、同じように家から退去したのに、私の妻は、相変わらずキッチンのテーブルで本や雑誌を読んでいる。パソコンや書類もぜんぶ、キッチン中にしつらえてある。ま、キッチンが妻の固有な仕事場だとするなら、それでもいいような気もするが、いずれ、早いうちに、独立の読書空間をもった妻専用の仕事場を必要とするだろう。あるいは、思いきって、キッチンを大改造しなくてはならないだろう。

読書空間は広い必要はない。ただし、きちっと独立性を保てる空間である必要がある。

寝そべることができるようなソファーなどなくていい。ただ、自分の身の丈に合った机と、ゆったりした仕事椅子、それにパソコン類を置く場所が必要である。

この部屋が、定年後の知的生活の「牙城」になる。そこに立てこもって仕事をするベース・ルーム（空間）になる。

(3)書庫のある生活

かつて、書斎とは、書庫のある部屋のことだった。独立した書斎は、それを必要としている特殊な仕事をしている人か、裕福な人の家にしかなかった。裕福な人の書斎は、多くはディスプレイ（装飾品）の一つであった。

しかし、現在、知的な生き方をめざす人には、小なりといえども、書物を納めておく書庫が必要である、と力説してみたい。これは、私の経験則からも、はっきり断言できる。

面白いもので、本を収納する空間があると、本は自然にそこに満ちてくる。本を買って溢れたから、書棚を買い、書棚で納めることができなくなったから、書庫を誂える、というのが普通で合理的な行き方のように考えられている。

しかし、この一見して合理的そうな行き方では、本は買わない、揃わないのである。

　逆である。書棚を買うと、書物が満ちてくる。書庫を誂えると、書棚が増え、書物が満ちてくる。これが事実である。これが人間の特性、あるいは性癖である。

　私がまったくそうだった。文学部に入った。予備校のときに買って、参考書類しかなかった書棚が、空になった。知的羞恥心があったというわけではないが、とにかく、古本屋に飛んでいって、書棚の半分くらいを本で埋めることができて、一安心した。

　三五歳のとき、清水の舞台から飛び降りる覚悟で、妻に、独立の棟の書庫を増築したいと申し出た。私の研究生活が本格始動したときで、最初半分くらいしかなかった書棚の本は、数年で埋まってしまった。それから、二度、移動して、書庫を新たにつくった。そのたびに仕事量が倍増した。また、子供たちが家を出ていったのを機に、夫婦の寝室を壊し、書斎兼書庫を増築した。いま、本は自宅・大学の研究室・事務所と分かれているが、必要な本は自宅に揃っている。もう少しだけ、書棚を入れる余裕があるようだ。

　大事なのは、こういうことだ。書物にかぎらず、好奇心を膨らますと、その大きくなった部分におのずと情報や知識や仕事や、そして新しい運命までも、入り込んでくる、ということである。「書庫」とは、知的好奇心を拡大させる「象徴的空間」なのである。実物が、広く快適であればいい、というわけではないのだ。

定年後、さあ、新しい知的生き方をやるぞ、という満腔の決意を、書庫をもつことで示してみませんか。すでに書庫をもっている人は、情報社会に適した書斎、書庫にリフォームしてみようではないか。

(4)「アキア」と「ボーズ」のある部屋

◆机に向かう前に、FMのスイッチを入れ、パソコンをONにする

二〇〇〇年、体調を崩した。二〇〇一年は皮膚病で苦しめられ、二〇〇二年は体がしゃきっとしない。つまり、六〇歳に近くなるにつれて、体が軋みはじめたというわけだ。

それまでは、毎日、五時台、早いときは四時台に、妻と競争するように起きて、すぐに、仕事部屋に入り、朝食のわずかの間を除いて、一二時まで仕事に没頭し

た。そして、一時から四時まで仕事をし、TVを見ながら、晩酌し、いぎたなく寝ころんで、九時、ないし一〇時から一二時まで仕事をした。これが、出講日のない私の日常生活であった（仕事時間には、読書も入る）。

ところが、体調が下降線をたどりだしてから、六時前後に起きるのがやっとになり、食事の前後も少し余裕をもって休憩をとり、夜は追い込みがないかぎり、仕事をしないという毎日が続いた。

そして、二〇〇二年、ようやく、六時には起きて仕事をしている自分を見いだすことができるようになった。

冬である。起きて、寝間着のまま仕事場に入り、ストーブのスイッチを、まず入れる。つぎにパソコン（アキア）のスイッチを入れ、FM・CDつきの超低音が響く小型ラジオ（ボーズ）のスイッチを入れる。クラシック音楽からはじまる。朝食まで約半時間、この時間が貴重である。滑りだしが肝心だということだ。

一九九三年、書斎を大改造した。情報社会の書斎にふさわしいものにしたのである。それから、仕事がおよそ三倍増したのではないだろうか。

機器がゆったり納まったが、何よりも夏涼しく、冬暖かくなった。外音は、窓を開けないかぎり、ほとんど聞こえない。

私は、普通ならば、この三月末で定年を迎える。しかし、たとえそうであっても、私の生活の基本パターンは今後も大きく変わらないのではないだろうか。私の定年後の知的な生活は、一九九三年に準備を終えた、ということになる。みなさんはどうだろうか?

書く仕事が最高潮に達すると、好きな井上陽水の歌をＢＧＭにする。ただし、体調が不調のときは、陽水ではちょっと厳しすぎる。ＢＧＭも重要だ、と私は思う。

こうやって、四時少し前になると、へとへとになる。だが、快い疲れである。体も激しく使うと、快い疲れが残る。頭も体の一部なのだから当然だろうが、頭の回復度は、他の体より速い。体力が下降線をたどっても、十分闘える知的体力を誰もがもっている、ということを再確認して欲しい。

四章 ● さまざまな読書術　集書術

1　読書術の要諦は、集書術にある

よく聞かれる。「読むのが速いのでしょうね」と。きまって、「全然」と答える。速読術というのがある。これを読書術の一つと見なすことは可能かもしれないが、はっきりいって、「邪道」であり、「効用」がない、といっておこう。まともな読書人なら飛びつくことはないだろうが、「忙しいビジネスマンのための速読術」といわれると、つい手が伸びてしまうのだろう。

読書術で最も重要なのは、何度もいってきたように、いかに必要な本を揃えるか、ということである。めざす書物に迅速にたどり着き、確実に手に入れる。これが肝心である。

書店、古書店、新聞雑誌等の広告、出版目録、古書目録等、集書のメディアがある。インターネットでも、同じような書物検索のメディアがある。

書店で見つからなかったから、買えなかった、読めなかった、などというのは、下手ないいわけである。探す手間さえも省いたのだから、バツに決まっている。

この点、インターネットで検索し、手に入れるというのが、もっとも確実かつ迅速である。

しかし、インターネットを過信してはいけない。インターネット書店、古書店が網羅している範囲は、使ってみるとわかるが、あんがい狭い。

私は、書誌学者の長谷部宗吉さんと友達になっている。手にあまる、あまりにも探すのに時間がかかるのでは、と思ったら、すぐに長谷部さんに依頼する。もちろん、なんらかの形で、謝礼をする。

求める本を探さない人に、買わない人に、労力と時間と金を費やさない人に、「知」はやってこない。こう思って間違いない。

2　攻撃的読書術

◆片っ端から選択してゆく

司馬遼太郎が『竜馬がゆく』（文春文庫）を書いたとき、一時、古書界から龍馬に関する文献や資料が消えてしまったそうだ。司馬が買い占めたからだ。トラックに何台分、という「伝説」が残っている。その山のような文献等の大部分を、司馬はあっというまに古書店に引き取らせたそうだ。必要な部分だけを、抜き出し、利用したのである。その他は、非常に安い値段で、売りさばいたわけだ。

こんな芸当は、普通の人間にはできない。しかし、小規模なりといえども、やり方は同じである。必要と思えるものをどんどん集めて、すばやく目を通して選抜し、利用可能なものを片っ端から読んでゆく。これが読書術のもっとも効果的なあり方である。

もちろん、これは特定のテーマを研究したり、そのテーマで書くという、仕事のための読書である。目的のはっきりした読書である。

こういう場合の読書は、恐ろしいほどはかがゆく。司馬が膨大な文献を「読んだ」ということに驚く必要はない。目的さえはっきりした読書の場合、司馬の何分の一かのスピードで読むことが可能であることに気づいて、むしろびっくりするくらいだろう。

◆必読文献とそうでないものを分ける

利用可能な文献でも、必読文献と、そうでないものがある。

①　必読文献は丹念に読もう。メモをするのもいいし、線を引き、その箇所に付箋を貼るのもいい。いずれにしろ、参照箇所を明記できるようにしよう。この読書は、「しゃにむに」（遮二無二）のものである。攻撃的読書というゆえんである。

②　論や実証に参照するところがなくとも、発想（idea）がよかったり、ヒント（隠された鍵）があったり、データに勝れていたりする文献や資料がある。利用価値が高い。この読書は、読解するというより、宝を発見するのに似ている。

③　論や実証が間違っている（と思える）文献や資料も、反対意見として利用可能である。採用した対立意見の程度が低いと、あなたの仕事の精度も下がるから、ここは慎重にいかなければならない。

①をきちっと読むことは必要不可欠である。

②と③にどれだけ関心の目を向け、きちっと読み込んでいるかで、仕事の熟成

度が決まる。

◆仕事の基本的なイメージができたら、仕事をはじめよう

文章を書くということに限定していえば、文献や資料が完全に集まり、それらを十分に読み込んで、全体のきっちりしたシナリオやコンテ（目次）ができてから書きはじめる、というのがベストである、と考える人がいる。

しかし、そんなことは不可能なのである。間違っているのだ。

全体のイメージができたら、あるいは逆に、一部でもかなり具体的につかむことができたら、さっさと書きはじめるのがいいのである。

読みながら考える。考えながら書く。しかし、書きながら読み、書きながら考えるのである。

書いてゆくと、書くべきことがわかってゆく。新たに必要な文献や資料もわかってくる。ほとんど書き上がるころに、必要な文献や資料がどんどん集まってくる。書き上げたあとにも、集まってくる。否、書き上げると、はじめて必要と思えた文献がわかってくるものだ。だから、書き上げたあとも、文献を収集する

ということが、重要なのだ。

これが「事実」の進行具合である。

いま、書くことに限定するといったが、仕事一般にも通じる。一定の準備ができたら、はじめていい仕事は多いのである。特に知的な仕事の場合はそうである。

◈間違ったと思ったら、すぐに撤退しよう

この場合、途中で自分の論や実証が間違っているとわかったら、潔く撤退することである。もう一度、論を組み直してみることだ。これがいちばんの早道である。

そうではなくて、なんとか誤りを糊塗するような方法はないか、と躍起になっても、結局は、虚偽に虚偽を重ね、撤退不能なところに追い込まれてゆく。最悪の事態を招く結果になる。

基本文献をしっかり咀嚼（そしゃく）し、必要な文献も参照して、いざ書き出し、一〇〇枚ぐらい進んだところで、これは違う、と気がつくことがある。一〇〇枚の努力は、無に帰したのか？　そんなことはない。

材料は揃っているのだ。乱暴にいえば、料理方法を変えればいいのだ。発想を転換すればいいのだ。具体的には、異なった視点に立って、基本文献等を批判的に検討すればいいのである。

もちろん、再読、三読は必要になる。しかし、作業はそんなに面倒ではない。むしろ、基本文献等が見逃した新しい発見に促されて、作業はどんどんはかどる。私も、何度か自分が立てたコンテ、目論見（もくろみ）が外れ、書き直す羽目に陥ったが、そんなに労力を費やす必要はなかった。

3　消極的読書術

◆「目的」がはっきりしない読書

山があるから、登る。大学があるから、行く。本があるから、読む。

およそ、人生の大半事は、はっきりした目的もなく、とりかかり、終える、といっていいだろう。むしろ、なにもかもに目的を見いだし、それを実現するために事を成す、というのであれば、息が詰まってしまうのではなかろうか？

読書の大半も、じつはそうした目的のない行為である。そして、目的がないのに、読書がしたくなる、というのが人間の人間たるゆえんである、ともいいうるのだ。人間とはホモ・サピエンス（知ある人）である。本来的に、知的活動そのものである読書をするという欲望をもっている。こういいきってもいいのではないだろうか？

この点でいえば、定年後の読書の主力は、目的なき読書である、といっていい。なんとなく本が読みたくなる。そうすると、買わずにいられなくなる。さてどんな本を読もうか、という具合にである。消極的読書、というゆえんである。

◆これぞという読書は、偶然はじまる

二〇年前まで、大阪最大の旭屋書店は、立ち退きを求められていた土地に建つバラックの建物だった。それは忘れもしない、ベニヤ張りの別館の書棚だった。一九七九年年末のことである。一冊の白地の厚い本が目に飛び込んできた。上下、二巻本だった。近づいてみると、平仮名で『**やちまた**』（河出書房新社）とある。

引き出して奥付を見ると、一九七四年刊で、だいぶ色あせている。二巻あわせて、九〇〇ページに近い大冊である。

「盲目の国語学者・本居春庭」の評伝と帯にある。足立巻一（けんいち）という作者は知らない。三重県の津の短大に勤めていたことでもあり、近くの松阪出身の本居宣長が、なんとなく気になっていた。あわせて三二〇〇円だから、当時としても高い。しかし、一も二もなく、買ってしまった。そして、一九八〇年の正月は、この本で暮れてしまった。

三五歳の一九七七年、谷沢永一『**読書人の立場**』に出会ったときも、まったくの偶然であった。この本は私の読書人生ばかりでなく、精神世界を一変させる起爆剤となったのである。

これという理由もなく手を伸ばした本が、これこそ自分が読みたかったものである、ということがあるのだ。私にも、何度か起こっている。こういう読書こそ、読書の醍醐味ではないだろうか？

◆塵が積もって山となる

しかし、私には思える。これぞと思える読書に出会えるには、そうおうの理由がある、と。

アトランダムに、あれも買い、これも読んだ。しかし、アトランダム（無作為抽出）とはいいながら、そうするのは「一人」の人間の「選択」である。何かしら、その無作為な選択に、見えない線があるのだ。そして、その無作為の選択が非常に大きな数に達すると、はじめてそこに「ある流れ」があることが判明してくる。

だから、たくさん本を買うこと、読むことが重要だともいえる。買った本、読んだ本の集積のなかに、一冊一冊では見ることも、感じることもできないような、「読書眼」がおのずと働いていることがわかるからだ。

目的もない読書とはいいながら、長い時間を経てみると、その読書歴のなかに、自分が何を求め、どんなことをしてきたのかが、透けて見えるようになる。ここに、読書の、それも雑書読みの真骨頂があるように思われる。

人生も同じで、終わりに近づいてみて、はじめて、自分がやりたかったことがわかるものである。

ある決まったテーマで企画を立てたり、実際に文章を書いたりする場合、私がまずするのは、自分の書庫に入って、自分が関連する書物をどれくらいもっているか、抜き出してみることだ。一抱えほどもあったら、しめたものである。その仕事は、自分が無目的に集め、読んできたテーマに、多少ともつながっている、ということが判明するからだ。とっかかりがある、じゃあ、やってやろうじゃないか、できるに違いない、という確信めいたものをもつことができるからだ。

この点、定年後の読書は、一定の蓄積を前提にできるぶん、ずいぶん有利ではないだろうか？　しかし、本格読書はこれからである。一定期間せっせと蓄積することが重要なのである。

4　快楽的読書術

◆「好きでこそ読書」

「好きでこそ学問」という言葉がある。「好きでこそ読書」というのは、よりぴったりする。

読書は楽しい。仕事のためにしようが、暇つぶしにしようが、読書は楽しい。私は、仕事で読む本で、何度も何度も楽しんできた。

仕事はつらい。同じことでも、仕事になるとつらい、という人がいる。私は、逆なように感じる。仕事でも楽しい。さらには、仕事だから楽しい。こういってみたい。

しかし、読書は、どのような理由からするにせよ、楽しいのである。

読書を、楽しくないという人はいる。辛気くさいという。活字を追うのが面倒だ、頭が痛くなるではないか。こういう人もいる。

しかし、それは読書という禁断の木の実、知恵の実を食べたことがないからである。ゆっくり味わったことがないからである。

「好き」にもいろいろある。よくつきあってみなければ、「好き」がわからないものがある。「学問」がそうだ。「仕事」がそうだ。「読書」がそうだ。

しかし、勉強の嫌いな子に勉強させるのは難しい。それでも、勉強しなかったら、一流大学に入って、一流会社に就職し、いい生活をすることはできない、という「にんじん」をぶら下げ、無理にも勉強させるように仕向けることはできる。
しかし、読書には、そんな「にんじん」は見当たらない。

◆読むと必ず心躍る本、賢くなる本がある

しかし、どんなに無理して勉強しても、一流会社に入って、人も羨むような生活ができる人は、稀である。受験勉強とおいしい生活は直結しているようだが、そうは問屋が卸さないのである。これは、学閥と成績が何よりも優先するアメリカ社会と同じである。つまり「成功すればハッピー」だが、そうでなければ、一気に降下するからである。

これに対して、読めば必ず、心が躍り、幸福な気分になる本は、ある。読めば、社会の仕組みが手に取るようにわかり、どう生きたらいいのかの確かな選択軸を獲得できる本は、ある。知的快楽を与えてくれる本である。

ところが、人は本を読まない。寸暇を惜しんで読め、というのではない。読むのは簡単である。たいした労力はいらない。たいした費用など不要である。ところが、人は本を読もうとしないのである。

幸福にする本、仕事を潤滑に進める本、知的快感を与えてくれる本。そんな本がたくさんあるのに、人は、すすんで本を読もうとしない。強制されても本を読まない。残念なことだ。

だが、こんなことを嘆いてもはじまらないだろう。倦まず弛まず、めげず怯まず、快楽を与える本を紹介し、自分でも書いてゆく他ない。

◆もし本がなかったら、知的に生きられるだろうか？

人間の世界に、もし本がなかったら、と想像したことがあるだろうか？ 怒りをもたらす本がある。恐怖を与える本がある。知らなかったほうが、イージーに生きられたのに、という本がある。本が曝く世界は、ハッピーな事象ばかりではない。むしろ、安らかな精神に波紋や、亀裂を、ときには呪縛をもたらすほうが多いかもしれない。

でも、よくよく本とつきあってみるとわかるのだが、よく知ることは、人間の快楽の重要な部分である。知的快楽である。知的冒険である。人間にとってもっともふさわしい、誇らしい態度は、知的なことではないだろうか。知的なことは、人間を奮い立たせる力をもっている。かぎりなく未来に向かおうという勇気を与えてくれる。

定年後、心安らかに、なにごとにも当たりさわりなく生きてゆこうという人には、知的スリリングに満ちた書物は、あるいは、劇薬の類かもしれない。しかし、人生を奮い立たすことができる特効薬なのだ。

私は、私と同時代に生きた多くの先輩の著作を繙くたびに、この人たちの本は、私が開くのを待っていてくれた、というような誇らしい気持ちになる。もちろん、誇るべきは、先人の著作物である。しかし、読者を誇らしくする本は無数にあるのだ。

たとえば、『**日本文藝史**』を書いた小西甚一、あるいは、近世文学研究に、穏当だが創見に満ちた実証と数々の証言を与えてくれる『**中村幸彦著述集**』（中央公論社　全一五巻）、それにアジアの歴史の稜線を塗り替えた『**宮崎市定全集**』（岩波書店　全二三巻+別巻）。この三人は、八〇歳を超えて現役であった。知的研鑽を怠らず、私たちに新しい世界を開いて見せたのである。

私は、少し大げさにいえば、もし私がこの人たちの本を読まなければ、申し訳ないような気持ちになる。私は、自分が、そういう気持ちをもっていることに対して、少し誇らしく感じる。

良い本、知的領域を広げてくれる本を読むと、自分を誇ってもいい、という気持ちになる。自慢ではなく、知的権威に対する畏怖の念とまっすぐにつながっているものだ。

5　自前の読書党をつくろう

◆読書は一人で、しかし、悦びは分かち合える

読書は、全世界を向こうに回して、たった一人でも楽しむことができる知的活動である。読書には、孤独な営みであればあるほど、その快楽が強まる、という傾向がある。これは動かしえない事実である。

しかし、人と人とのつながりを、より細やかに、より緊密にすることができる読書はあるのだ。横につながることによって、楽しみが増す読書はある。読書党

をつくることをすすめたい。特に、会社や組織という「集合体」を失った、定年後の人たちに、読書党の結党をすすめたい。

「党」とは、パーティー（party）のことである。自由民主党であり、共産党である。しかし、「集まり」であり「仲間」のことだ。規約や会費や責務など、政党と違って、必要ではない。ただ、読書を知的活動の重要な部分と考える、という条件が党の「綱領」である。

党には党首がいる。党首は、「自分」である。一人一党という意味ではない。自分の読書の披瀝のまわりに読書人が集まる、という活動形態をつくりあげればいいのだ。党員がいたってかまわない。

6　読書日記の公開

私は仕事のために読書をするだけではない。「書評」を自分の仕事の重要な部分とみなしてきた。書評集も何冊か出ている。これは、対価をもらってする仕事である。

この数年、『読書北海道』のウェブページで、月一回の割合で「読書日記」を公開してきた（この新聞は、目下、活動中止である）。引き続いて、私のホームページで、週一回、「読書日々」を公開してきた。

後者は、無料で（ホームページはサイト料を払って）おこなったものだが、毎回読んでくれる人がいる。少しは反響がある。もちろん、反論もある。

読書日記といっても、私の場合、書く仕事とつながっているので、仕事日記のような性格もある。ビジネスに直接つながっていないが、営業の一環でもある。いずれにしろ、各人各様、自分の読書世界を、書いて、公開することは、誰にでも可能になったのだ。実際、インターネットを開いてみると、ホームページの知的活動の中心が、書物に関する「談義」であることがわかる。

本が読まれない、と嘆いたが、自分が読んだものについて、甲論乙駁（こうろんおつばく）、若い人も、定年組も、こんなにも熱心であるということを確認して、本当のところ、ほっとする。

ホームページが、党の機関誌である。そこで、読書に関する議論を開陳し、多くの党員を獲得しようではないか。

7　読書記念日

「読書記念日」などというのは、なんだか頼りなく、「やらせ」のような気がするだろう。実際、何月何日に、記念日を祝して、読書を、という主旨のようなものを考えてのことではないのだ。

入学式や卒業式に、本を買う。結婚式や、結婚記念日でもいい。恋人と最初にデートした日でもいい。定年の日には、もちろん買おう。一冊といわず、無理をしてでも抱えることができるくらいは買おう。多少の日にちのずれがあってもいいではないか。

私は、一九七七年一二月（日にちは忘れた）に、谷沢先生の『**読書人の立場**』（三刷）に出会ったから、その月を「谷沢記念月」と決めた。前々から決めていたのではなく、二〇〇二年三月六日（現在）に、こう決めた。この月には、この本を繙こう。できれば、古本屋で見つけたら、買って、多くの人に贈ろう。「日」を特定しなくともいいだろう。有馬記念（グランプリ）のように、一年の掉尾を飾る日（日曜日）に挙行する、という類のものでもいい。

もちろん、本には、記念日のシールを貼るか、日時等を筆で書き込むのもいい。自分で読まない本でもかまわない。孫に、隣家の娘さんの婚約祝いに、これぞと思う本を贈ろう。ちょっと上品ではないだろうか。

二つ山を越えた夕張に、メロンをつくっている農家がある。毎年、一箱メロンをもってきてくれる。お返しするものがないから、たいていは、私の著書を差し上げる。この人、毎年、私の本をもらうのが楽しみだといってくれた。嬉しい。「メロン記念本」ということになるか。

8　読書学会

私のまわりに読書好きな人たちがいる。ほとんどが、私より年上である。いろんな本をよく読んでいる。読書会を何十年も続けている。恐ろしいほど、粘り強い人たちだ。中心になる人がよほど有能であるに違いない。

玉に瑕なのは、あまり本を買わないことだ。図書館で借り出した本を、回し読みするそうだ。戦争中の回覧板でもあるまいし、志が低い、といつも揶揄している。

こういう会が、同人誌を出す。中心は、創作である。よほどのことがないかぎり、読書感想的な文ばかりで、書評の類は出てこない。

しかし、惜しいではないか。せっかく読んで、合評会までやりながら、それで終わってしまうのは。ひとつ、読書学会でも結成して、自分たちの読書会だけでなく、もし可能ならば、さまざまな読書愛好者たちを糾合できないものだろうか？

「学会」であるからには、研究会がある。研究発表会がある。そんなに片意地張る必要はない。年に一回、ペーパーを書いて、報告する定例会をもてばいいだけである。その成果を学会誌で発表すればいい。

学会誌といっても、印刷所で印刷したものでなくともいい。パソコンで打ち出して、プリントアウトして、製本機にかければ、そうとう立派な学会誌ができあがる。全部、自前の手製でできあがる。

重要なのは、書物について、読書について、本を書くということについて、議論をすることである。議論し、深まった内容を書いて、会員の共有物とすることである。

子供たちが本を読まなくなった、などとしかめっ面をする必要はないのだ。ジジババたちが、いきいきと読書に興じている姿を、大写しで子供たちに見せることができるようにすればいいのだ。その証拠物を示せばいいのだ。

私がこんなに賢いのも、私がこんなに元気なのも、私がこんなに楽しいのも、当たり前田の、ではない、あたりまえだの読書をするからだ。こう、びんびんと、びしびしと、伝えればいいのだ。

終章●老後は続くよ、どこまでも

1　老後は「永遠」の一種だ

定年と老後が、かつて一つながりであった。しかし、高齢社会である。定年後、第二の人生がはじまる。といっても、いずれ老年を迎える。

当たり前のことだが、少年に終わりがあるように、青年に終わりがある。壮年に終わりが来る。しかし、老年に終わりはない。もちろん、命が尽きたら、おしまいだろうが、あとに続くものたちの目に、心に焼きついて消えないのは、祖父、祖母をはじめとする老年期の姿である。老年は「永遠」だとはいわないが、老年にこそ「永遠」の種は宿っている。

すばらしい姿を残せ、などとはいわない。ああ爺さんたちは、婆さんたちは、いつまでも知的に若い生活をしていたな、と思われたいものだ。私はそう思う。

老後は、はっきりした終わりがないから、むしろ、一年一年、一月一月、一週間ごと、一日ごとに、意識して「計画」的に生きる必要がある、とは前にもいった。そうしないと、だらだらだらといたずらに時間が、年月が過ぎてゆく。つれて、脳がゆるんでくる。顔の表情に締まりがなくなる。

2　老後の日々の最大の伴侶となる読書

定年後、老後を、精神をまっすぐ立てて歩きたいものだ。精神は、裸のままでは、まっすぐに立ちにくいものだ。だから、精神をまっすぐ立てる道具立てが必要になる。そのもっとも強力で、しかも簡便かつ手近にあるものが読書である。

目が悪くなった。字がぼやけてきた。読書みたいに辛気くさいものより、もっと簡単に喜べるものはたくさんあるではないか、といわれるかもしれない。そうだろうか？　きちっと考え抜いた末の結論であろうか？　そうは思えない。

目が悪くなっても、字がかすんできても、本は読める。読める本はある。パソコンのモニターでは、そうとう大きな活字で読める。それに、読むのを急ぐ必要はない。ゆっくりでもいいではないか。

旅行、子供や孫たちとの会食、さまざまな会合、映画や絵画鑑賞、俳句や製陶、等、老人たちが好んでやるものがある。それをやるがいい。しかし、旅行、家族団欒、映画、土器づくり等を、本で二次経験すると、それらの楽しみがもっともっと深まる。大きくなる。

老後の未来は、どうも、なかば以上「過去」に向かっているように思われる。さまざまな記憶という形で貯蔵されている人生行路を、反芻することに費やされるように思われる。

その記憶の数々に、読書は特別の彩りを与えてくれる。面白いもので、読書を通じて獲得したイメージで、過去の経験を呼び戻す、というのが人間の特性である。そんなに難しいことではない。人間は「言葉」で経験を形づくる他ないからだ。言葉だけで組み上がった書物を読まないと、過去の麗しい、あるいは、悲しい体験も、はっきりした像を結ばないのである。

その意味でいえば、私は書物のなかにこそ「経験」がある、と思っている。正確には、書物との結びつきによって、わたしの過去の物語を紡ぎ出すことができる、ということだ。

もちろん、書物は未来にこそ開かれている。書物を読まない人は、私たちを、あるいは、子や孫たちを待っている未来に思いを及ばすということがないのではないだろうか？　ひたすら、「現在」の延長上に「未来」を見るということで終わるのではないだろうか？

つまり、「過去」に対しては曖昧な、「未来」に対しては単調な像しか描くことができないのではないだろうか？

「過去」と「未来」といきいきとつながりをもって、いつまでも続く「現在」を生きるのには、読書よりすてきな方法はない。これが私の結論である。

3　老後に読む本を取っておきたい――和田由美

私より若いが、二〇代から札幌で出版編集や映画の振興にかかわってきた和田由美がいる。現在は小さな出版社の代表で、北海道の三女傑の一人である。ちなみに、あとの二人は作家の藤堂志津子であり、アナウンサーの中田美智子である。

この和田さん、「池波正太郎の本は読まない。一冊でも読んだら、つぎからつぎと、みんな読んでしまいそう。老後の楽しみに取っておく」といったことがある。池波さんに聞かせてやりたいセリフだ。殺し文句だ。

「老後に取っておきたい本」。たしかにいい言葉だ。私の体内、脳内には、こういうセリフはない。しかし、書庫を見回してみると、それとわかるような形で、私も「老後」のための本を蓄えていることに気がつく。

本は、読みたいときに買えばいい。その通りだが、一度買いそびれると、買わずに、読まずに終わるものだ。それに、いつでも買える、読めると思っていた本が、あっというまに市場から消えてゆく。文字通り裁断されて、消滅する。古本屋でも見いだしがたくなる。

ただし、私自身は、和田さんの行き方と少し違う。

読みたい本は、これからもどんどん新規に現れる。池波を超える作家は何人も現れるだろう。いま池波を読まないで、取っておくと、池波より面白い作家が現れたら、池波を読む欲望が小さくなるに違いない。読まずにすますだろう。

本は、一面では、時代を超えたものだ。永遠性をもつ。しかし、本の面白さは、その時代でしかわからない、というところがある。読むのに「旬」があるということだ。

三遊亭円朝は落語の名人ともてはやされて久しい。しかし、いま円朝の怪談ものを聞いたら、ずいぶんもったりした感じを受けるのではないだろうか？　間延びして、興を殺がれるのではないだろうか？

池波のような、いきのいい小説は、和田さんのような、まだいきいきさが残っている時期に読んだほうがいい、というのが私の意見だが、どうだろうか？

以下は蛇足である。私は二〇〇二年三月現在で、一二〇冊程度の本を出している。おそらく、私の妻はそのうちの一冊でも目を通したものはないだろう。「あなたが死んでから、ゆっくり読ませてもらいます」が口癖である。

しかし、私はこの「口」を信じていない。そして、まあ、読まれなくとも仕方がないか、と思っている。ちなみに、妻は、五〇を過ぎてずいぶん読書家になった。私の読みそうもない本を買ってきて、見せびらかすようにテーブルに置いてあるのを発見することがしばしばである。ま、これは喜ばしいことだが。

4　一冊くらい書いて死にたいものだ

せっかく生きてきたのだ。定年を迎えたのだ。時間も、比較してたっぷりある。だから、ということにはならないのがつねだが、読むばかりではなく、一冊くらい本を書いて死ぬのもいい、と思う。

書きたいことがたくさんある。人はこう思っている。たしかに、誰でも一冊くらいは小説に書けるくらいのネタはもっている。しかし、書いてみると、素寒貧なことがわかる。書くものがある、と思うのと、書くことができる、との間には、簡単に越せない溝がある、といっていい。

つまり、いい書き物をそうとう読む。読むだけでなく、読み込む。簡単にいえば、書かれてある言葉が、その組み合わせが、自分の身のうちに入ってきて、自在に羽ばたく、というところまでこなければ、書いても作文、感想文ていどで終わるのである。

その上でいえば、しかし、書いてみて、はじめて自分の読解力の程度が判明するのである。頭のなかではわかっているが、うまく表現できないというのは、わかっていない証左であるのだ。そう思って欲しい。

定年後の知的な生活のなかに、著書を書く、ということを意識的に位置づけると、関連の本を集めたり、読んだりするのに力が入る。それは、漫然と読書するのではなく、仕事の必要があって読み、咀嚼（そしゃく）し、利用しなければならない読書と、同じである。

「老後」は永遠である、といった。しかし、その具体は、本を書いて、残すことによって、なかば完成する、といっていい。

書くのは「体験記」でないほうがいい。なにごとかに関する「研究」のほうがいい。それによって、たくさんの本と正面から向き合い、格闘する必要が生まれる。読書生活がますます豊かになる。

どうです、定年後の読書生活には、きりがない、ということに納得いただけたでしょうか？

文庫版のためのあとがき

本書を書き下ろしてから足かけ一〇年になる。当時、強く訴えかけたのは、高齢社会の急進行のなかで、一、定年後の生き方がそれまでの行程〔プロセス〕とは異なった、独立した独自の人生目標と内容をもつこと、二、定年後の人生プランのなかで読書が決定的な意味を持つということであった。

一。人類史の視野というささか大きな尺度でいうとこういうことである。人間はホモ・サピエンスである。「知性（ある）ヒト」ということだ。「知性」はなにによって磨かれるか。幾筋もの契機がある。そのうちの一つ、けっして小さくない一つが「読書」である。

かつて読書人とは知識人の別称であった。正確には特権的な知識人である。しかし読書が万人に開かれてある時代になってからすでにひさしい。「読書するヒト」とはホモ・サピエンスの属性〔エレメント〕になったといっていい。

ところが歴史は皮肉である。まことに残念なことに、一見して、読書が人生で占める位置を小さくした感があるからだ。「大学生が読書をしない」だけではなく、立派なしかも知的とみなされる大人が読書に正面から向かわなくなったように思えるのである。定年後の「晴耕雨読」なんて、夢また夢となった感がある。

それでつい、現在の社会の苛酷さ、人間関係の殺伐さを、多くの人間が知性〈マインド〉を失った、とりわけ読書をしなくなったことと直結してみたくなる思いに駆られがちになる。しかし僻め、片目で世間を見てはいけない。ことに一面を極大化しては大切なものを見失うことになる。

ネット社会が全世界で急進行している。知識や情報があふれている。だがその主力はあいかわらず「活字」が占めているのだ。「読書」はその媒体が紙であれ、モニターであれ、私たちの生活に一瞬なりと欠かせないものになっている。たとえば多機能携帯電話をとってみればいい。ただ私たちは「読書」しているという実感なしに、「読書」し（活字を読ま）なければならない時代を生きているのだ。

つまりは「読書」に無関心と受け身で対面していると、人間の属性である「知性」の光を失う恐れがある時代に私たちは生きているのである。

二。本書が掲げる「定年と読書」というテーマに焦点を合わせるとこういうことになる。

高齢社会とは何か。高齢者が元気に生きる社会ということだ。「元気」の源は何か。一つは体の元気である。健康だ。同時に、心〔マインド〕の元気が必要だ。心の元気の栄養源は何か。「読書」であると断言してみたい。読書一般ではない。心を豊かにする読書である。

心を豊かにする読書の第一法則は、心を豊かにする書物を読むことではない。毎日の生活のなかに読書をきちんと繰り込むことである。読書のある生活プランを立て、実行することである。なんだと思われるかもしれない。しかし、一行も活字を読まなかった日があると、「し残したことがある、まずいな」と感じるほどに読書を毎日の生活に繰り込むことなのだ。これってプロ意識と同じじゃないだろうか。

この心を豊かにする読書の第一法則のよいところは、けっして難しくない、だれにでも簡単にできることである。本を買い、一日、一行でもいいから読むことだからだ。私は「読書時間」を設定した方がいいと思うが、特別に時間を設定する必要はない。問題は読むべき本が身近にあり、トイレや散歩中、あるいは就寝前に本を開けばいいだけなのだから。それに急ぐ必要はない。定年後である。時間はたっぷりある。

読書好きの人には、なんだそんなことかと思われるだろう。しかし、すばらしいことは、つねに、平凡な毎日の積み重ねから生まれる、というのが平凡かつ貴重な事実なのである。その意味で、読書をこよなく愛している人たちにも本書はなにほどかの貢献をすることができるにちがいないと確信している。

三。以上の意味で、本書を、定年後を豊かに生きたいと思っている人の参考になることを願っている。

本書のテーマは元文芸社編集部の鈴木純二さんが与えてくれた。刊行時、予想以上に多くの読者をえることができた。今回の文庫化に当たっては文庫編集部の佐々木春樹さんの手をわずらわせることになった。お二人にあらためて感謝をしたい。ありがとう。

二〇一一年一月一〇日　　硬厚雪に覆われた馬追山から

鷲田小彌太

『マルテの手記』リルケ（岩波文庫）……………………………P147
『ミステリーを科学したら』由良三郎（文藝春秋）………P113
『宮崎市定全集』宮崎市定（岩波書店）…………………………P236
『モンテ・クリスト伯』デュマ（岩波文庫）……………………P39

や行

『やちまた』足立巻一（河出書房新社）…………………………P229
『八つ墓村』横溝正史（角川文庫）………………………………P109
『世にも美しいダイエット』宮本美智子（講談社）………P75
『夜と霧』V・E・フランクル／霜山徳爾訳（みすず書房）……P24

ら行

『竜馬がゆく』司馬遼太郎（文春文庫）…………………………P223
『ロシア文学講義』
ウラジミール・ナボコフ（TBS ブリタニカ）…………………P110
『論語の新研究』宮崎市定（岩波書店）…………………………P208
『論文の書き方』清水幾太郎（岩波新書）………………………P136

『天上の青』曾野綾子（新潮文庫）…… P78
『同時代史』三宅雪嶺（岩波書店）…… P159
『動物農場』オーウェル（角川文庫）…… P147

な行

『中村幸彦著述集』中村幸彦（中央公論社）…… P236
『夏の闇』開高健（新潮文庫）…… P148
『日本三文オペラ』開高健（角川文庫）…… P86
『日本資本主義の精神』山本七平（光文社カッパビジネス）…… P165
『日本文学史』小西甚一（講談社学術文庫）…… P112
『日本文藝史』小西甚一（講談社）…… P111
『人間通』谷沢永一（新潮社）…… P145

は行

『白痴』ドストエフスキー／米川正夫訳（岩波文庫）…… P108
『話すことあり聞くことあり』谷沢永一（潮出版社）…… P77
『パニック・裸の王様』開高健（新潮文庫）…… P147
『人を動かす』カーネギー（創元社）…… P117
『福翁自伝』福澤諭吉（岩波文庫）…… P199
『福澤諭吉全集』福澤諭吉（岩波書店）…… P158

ま行

『マークスの山』高村薫（早川書房）…… P110

『幸福論』アラン（岩波文庫）…… P43
『高齢化社会の設計』古川俊之（中公新書）…… P24

さ行

『最後の人』山本夏彦（文藝春秋）…… P165
『佐々木小次郎』村上元三（講談社大衆文学館）…… P139
『雑書放蕩記』谷沢永一（新潮社）…… P142
『真田太平記』
池波正太郎（講談社『完本池波正太郎大成』18 ～ 20）…… P139
『時事新報』福澤諭吉（岩波書店『福澤諭吉全集』8 ～ 16）…… P201
『史的唯物論の根本問題』森信成（青木書店）…… P105
『司馬遼太郎が考えたこと１』司馬遼太郎（新潮社）…… P191
『純粋理性批判』カント（岩波文庫）…… P39
『書名のある紙礫』谷沢永一（浪速書林）…… P77
『戦争とプロパガンダ』サイード（みすず書房）…… P175

た行

『大学教授になる方法』鷲田小彌太（青弓社／ PHP 文庫）…… P116
『田沼意次』村上元三（毎日新聞社）…… P139
『読書人の立場』谷沢永一（桜楓社）…… P76
『蝶々殺人事件』横溝正史（角川文庫）…… P39
『罪と罰』ドストエフスキー／中村白葉訳（岩波文庫）…… P108
『テレーズ・デスケイルゥ』モーリヤック（新潮文庫）…… P147

索　引
Book List

あ行

『愛蘭土紀行』司馬遼太郎（朝日文庫）……P150
『あかでみあ　めらんこり』開高健（角川文庫）……P147
『「いき」の構造』九鬼周造（岩波文庫）……P165
『嘔吐』サルトル（人文書院）……P147
『お楽しみはこれからだ』和田誠（文藝春秋）……P192

か行

『街道をゆく』司馬遼太郎（朝日新聞社）……P150
『学問のすゝめ』福澤諭吉（岩波書店）……P199
『過疎地で快適に生きる方法』鷲田小彌太（学研）……P100
『紙つぶて（完全版）』谷沢永一（PHP 文庫）……P77
『紙つぶて（全）』谷沢永一（文春文庫）……P77
『紙つぶて二箇目』谷沢永一（文藝春秋）……P77
『カラマーゾフの兄弟』
ドストエフスキー／米川正夫訳（岩波文庫）……P108
『完本紙つぶて』谷沢永一（文藝春秋）……P77
『現代語訳　論語』宮崎市定（岩波現代文庫）……P210
『現代日本資本主義論』小野義彦（青木書店）……P105

本書は、二〇〇二年六月、小社から発行された
単行本『定年と読書』を文庫化したものです。

文芸社文庫

定年と読書　知的生き方をめざす発想と方法

二〇一一年二月十五日　初版第一刷発行
二〇一一年四月　十　日　初版第二刷発行

著　者　鷲田小彌太
発行者　瓜谷綱延
発行所　株式会社　文芸社
〒一六〇－〇〇二二
東京都新宿区新宿一－一〇－一
電話　〇三－五三六九－三〇六〇（編集）
〇三－五三六九－二二九九（販売）

印刷所　図書印刷株式会社
装幀者　三村淳

ISBN978-4-286-10273-3